［食材別］
おいしさと栄養を引き出す
料理のきほん

田口 成子

JN038970

主婦の友社

はじめに

食生活の多様化が進むとともに、家庭での料理を
めんどうに思う人が増えていると聞きます。季節や
その日の体調によっても食べたいものは違ってきま
す。また、年齢とともに、好みも変わります。食事を
用意するのは、確かに大変なことかもしれません。
でも、料理をしてみると、ストレス解消になったり、
おいしいものができ上がってうれしかったり。案
外、楽しいのではないでしょうか。

食べたいものを自分で作れれば、体にもお財布に
もやさしいですし、誰かに作ってあげて喜んでもら
えたら、さらにやる気が出てくることでしょう。

そこで、老若男女問わず、自分の口に合う料理を手
軽に作れるように、食材を生かす下ごしらえの方法
から味つけ、保存法まで、料理のきほんをまとめま
した。

野菜や肉、魚の旬や扱い方を知ることで、香りや味
の違いもよくわかるようになります。慣れてくると料
理が楽しくなります。ぜひ料理作りの一歩を始めて
ください。

外食が多い人は、家では野菜をしっかりとるように
してみてください。日ごろ忙しくて食事の時間がとり
にくい人は、休日には、ゆっくりと食事を楽しんでく
ださい。この一冊が、あなたの人生を豊かにするお
伴になってくれますように。

田口成子

料理を作るときに
気をつけたいこと

■**大さじ1は15ml、小さじ1は5ml、
1カップは200mlです。**米は180ml＝
1合で計算しています。

■**料理の材料**は基本的に**2人分**が目
安です。

■**だしは、昆布と削りがつおでとった
もの**を使用しています(p.12)。市販のだ
しのもとを使う場合は、塩分が含まれ
ているものがあるので、味見してかげん
してください。

■**スープは、鶏ガラスープのもと**を使
用しています。少し薄め(水2カップ
〈400ml〉に小さじ1/2)で使ってくださ
い。手作りする方法はp.14で紹介して
います。

■材料表の「油」は好みの**植物油**をお
使いください。なお、**炒め物ならごま油、
オリーブ油**など、**揚げ物ならキャノー
ラ油、菜種油**が、加熱しても変質しにく
く、おすすめです。

■材料表の「砂糖」は上白糖、「しょう
ゆ」は濃口しょうゆ、「小麦粉」は薄力粉
をあらわしています。「みそ」は好みのも
のを使用してください。

■作り方の中で、玉ねぎのように皮を
むいて使用するのが一般的な場合や、
にんじんなどのように、皮をむいてもむ
かなくてもよいものについては、特に
言及していない場合もあります。

■**電子レンジは500W**の場合の加熱
時間を表示しています。個体差がある
ので、様子を見ながらかげんしてくださ
い。なお、600Wの場合は加熱時間を
0.8倍してください。

■算出した**カロリー**は、1人分または
全量のおよその数値です。

見出し

その食品の特徴や、覚えておきたい調理法をひとことで表現。

食材のプロフィール

栄養、旬、選び方、保存法、重さの目安がひと目でわかる。

栄養▶多く含まれている栄養成分や、その健康効果について説明。

旬・選び方▶旬のあるものはそのだいたいの時期、選び方のポイントを説明。

保存▶すぐ使いきるのが理想ですが、どうすればおいしく保存できるのか、具体的に説明。

重さの目安▶1個あたり、または手にしやすい単位の重さの目安。実際には個体差が大きいので、これはあくまでも参考に。

食材の名前

食材の写真

いくつか種類が知られているものは、代表的なものを紹介。

食材の扱い方

洗い方、下ごしらえのやり方、切り方、加熱のポイントについて説明。

One point lesson

食材について知っておきたいマメ知識。

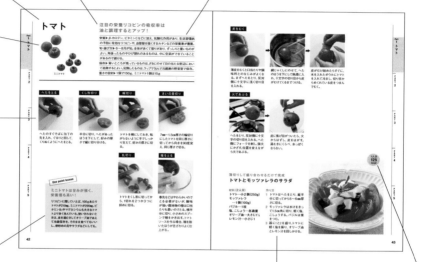

食材を生かしたレシピ

その食材本来の持ち味を最もおいしく味わえるであろうレシピを紹介。ぜひ、作ってみて。

エネルギー

1人分のエネルギー。

コラム

たくさん買って余った場合に便利な調理法などを紹介。レシピもいっしょに記載。

Contents

PART 1
野菜・いも・きのこ
香味＆薬味野菜

PART 2

魚介

Contents

意外と知らない基本のき

調理道具 ┃ 正しい使い方をして調理すれば味もグレードアップ。料理をする前にそろえておきたい道具を紹介します。

包丁・まないた

包丁は、扱いが簡単なステンレス製、まないたはプラスチック製を選ぶといい。

キッチンばさみ・ピーラー・おろし器

ピーラーは、持ちやすいものを選ぶ。おろし器は安定がよく、受け皿のしっかりしたものを。

計量カップ＆スプーン・はかり

容量200mlの耐熱計量カップと大さじ＆小さじはよく使う。デジタル表示のはかりがあると便利。

フライパン

焦げつきにくいフッ素樹脂加工のフライパンが便利。ふたもいっしょにそろえておきたい。

両手鍋・片手鍋

両手鍋は煮物や煮込みに、片手鍋は汁物などに使う。材質は厚手のステンレス製がおすすめ。

ざる・万能こし器・ボウル

ざると万能こし器は持ち手とフックがついたもの、ボウルは耐熱のものでざるがのせられるサイズを。

フライ返し・木べらなど

木べら　網じゃくし　菜箸　ゴムべら　フライ返し　玉じゃくし

菜箸は料理の味がまざらないように2〜3組、それ以外は1つずつあるのが理想。

ラップフィルムなど

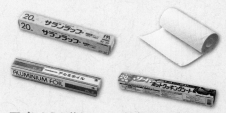

下ごしらえや落としぶた、保存などに利用するシート類も必要に応じてそろえておきたい。

計量

初めて作るレシピは、勘に頼らずに、正しくはかって作るのがおいしさへの早道です。

計量スプーン

大さじ1＝15mℓ
小さじ1＝5mℓ

計量スプーンではかる

|| 粉状のもの　　|| 液状のもの

1杯

山盛りにすくい、へらなどで平らにならし、余分をはらい落とした状態。

スプーンの縁ぎりぎりに、もう少しでこぼれそうなぐらいまで入れた状態。

1/2量

1杯はかってからスプーンの柄などで半分量をとり除く。

底が丸いことを考慮して、スプーンの2/3の深さまで入れる。

1/3量

1杯をはかってから中心に向かって3等分し、1つを残してとり除く。

底が丸いことを考慮して、スプーンの半分の深さまで入れる。

計量カップ

1カップ＝200mℓ

※最近は200mℓ以上の計量カップも増えている。炊飯器付属のカップは米をはかる単位の1合＝180mℓなので注意。

はかる

米や粉類などの場合は、押し込まないようにふんわりと入れ、菜箸やへらで払い落としてすりきりではかる。だしなどの液体は必要量の目盛りまで入れ、目線を水平にしてはかる

ひとつまみ

親指、人さし指、中指の指先でつまんだぐらいの量が目安。

少々

親指と人さし指の2本の指でつまむぐらいの量のこと。

調理の目安

水や火のかげん、油温などの調理の目安は、覚えておくと料理が作りやすいでしょう。

水かげんの目安

ひたひた

鍋に入れた食材が水面から少し出るくらいの状態。煮くずれしやすい食材や水けの多い食材を煮るときの水かげん。

かぶるくらいに

鍋に入れた食材が水やだしでちょうど隠れる状態。じっくりと味を含める煮物、ゆで卵などの場合の水かげん。

たっぷり

水やだしの中で、食材をゆったり動かせるぐらいの状態。長時間煮込む煮物、アクのある食材をゆでるときなどの水かげん。

火かげんの目安

弱火

鍋の底と炎の間にすき間がある状態。煮物では、表面はほとんど動かず、かすかに揺らぐ程度。鍋の中の温度を下げずに煮込んでいくときなどに。

中火

鍋やフライパンの底全体に炎の先端が当たる状態。煮物では、材料が少し動く程度で、煮汁の表面はゆらゆらしている。強めの中火、弱めの中火は、少し調整する。

強火

鍋の底全体に炎が広がっている状態。煮物では、材料が激しく動き、煮汁はグラグラと沸き立っている。材料の表面を焼きつけるときや、煮汁の水分をとばすときなどに。

揚げ油の温度の目安

低温（150〜169度）

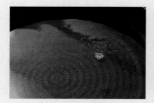

油を静かにまぜてから、中心に天ぷら衣やパン粉を落としてみて、いったん底まで沈み、間があいて浮き上がる状態。

中温（170〜189度）

天ぷら衣やパン粉を落としてみて、油の中ほどまで沈んですぐに浮き上がる状態。揚げ物のほとんどに適する。

高温（190〜200度）

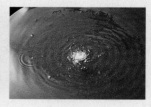

天ぷら衣やパン粉を落としてみて、表面でパッと散る状態。煙が立つほどになると危険。

包丁扱いの基本

包丁の扱い方ひとつで料理の味が変わります。
手入れ法、切るときの姿勢なども確認して。

包丁の部位の名称

包丁は使う部位でいろいろな作業ができる。たとえば腹を使ってにんにくをつぶす、刃先で材料に切り目を入れる、刃元でじゃがいもの芽をえぐりとるなど。

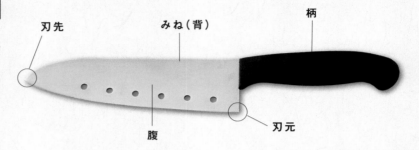

刃先　　みね（背）　　柄

腹　　刃元

正しい持ち方

○

○

×

柄のつけ根の部分から手のひらで包み込むように、しっかり握るのが基本。刃元と指の位置は写真の距離くらいが適当。

細切りのときなど、包丁をより安定させたいときには、人さし指を包丁の背に当ててもよい。

柄の後ろのほうを持つと、力がしっかり入らないため包丁が安定しない。一時的におくときは、必ず刃が向こう側を向くように、まないたの上におくこと。刃を自分に向けたり、不安定な場所においたりするのは、事故の原因になる。

調理台と間をあける

調理台と体は手のひらが楽に通るくらいの間隔をあけ、両足を少し開いて真正面に立つ。離れすぎやくっつきすぎでは、うまく切れない。

きき足を引いて立つ

次に、包丁を持つ手の動きをじゃましないように、きき手の側の足を半歩ほど後ろに引き、体を少しだけ斜めに構える。これで、前かがみになったり、ぐらついたりしない。

包丁の刃は直角におろす

刃がまないたに対して直角に当たるようにして切る。このとき、両腕のわきは軽く締めるとよい。

材料の押さえ方

「切る」という作業には包丁の扱いだけでなく、食材を押さえる手の動きも重要。
事故を防ぐには、包丁の前に指を出さないこと、刃を自分に向けないことが肝心。

基本

指をそろえ、関節を軽く曲げて材料を押さえる。包丁の腹が材料を押さえる中指の第1関節にふれるぐらいの距離を維持しながら切る。離れたところを押さえると、材料の先端が動いたりして安定しない。

葉物のとき

幅のあるものは、支える手を基本の形にして少し指の間を広げ、全体を押さえる。

かたい野菜のとき

かぼちゃなどのかたい野菜は安定よくおき、刃をまっすぐに当て、包丁のみねに手のつけ根を当てて押すように切る。

包丁とまないたの手入れ

包丁は清潔さと切れ味のよさを保ちたいもの。そのためには毎日の手入れが不可欠。
まないたも脂やにおいを残さないように包丁とともに洗う習慣をつけ、乾かす。

材料を切ったら洗う

特に肉や魚を切ったあとは、洗剤をつけたスポンジで必ず包丁のみねからはさんで刃をこすり洗いする。

まないたを洗う

プラスチック製、木製ともに両面と側面を洗剤をつけたスポンジやたわしでこすり洗いする。よくすすぎ、水けをきって乾かす。梅雨どきなどは、週に1回程度、塩素系漂白剤で殺菌すると安心して使える。

包丁を使い終わったら

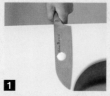

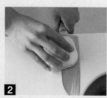

1 包丁の柄元を調理台の端に引っかけて刃をぴったりと密着させ、クリームタイプのクレンザーを少量のせる。

2 包丁の背のほうから、スポンジでクレンザーをのばすようにして両面をみがく。

3 柄にも汚れが残っているので、全体をこすり洗いする。特に柄のつけ根は汚れが入り込みやすいのでていねいに洗い、水ですすぐ。

4 さびや菌の繁殖を防ぐためよくふく。切れが悪くなったら砥石か、簡易とぎ器でとぐ。

だし

案外簡単に作れるうえに、手作りしただしの味は格別！
冷蔵庫なら3～4日もつが、製氷機に入れて冷凍保存することもできる。時間がないときは市販品を活用しても。

材料は削りがつお、昆布、煮干し

削りがつおは、本枯れ節を削ったかつお節が理想的。昆布は黒くて身の厚いものを選ぶ。煮干しはよく乾いて姿のきれいなものがよく、古いものは腹が黄色っぽい。

栄養▶かつおだしにはビタミンB$_{12}$、ナイアシンが特に多く含まれ、ほかのB群も含まれる。昆布だしにはヨウ素、カリウムが多く含まれ、煮干しだしにはビタミンB$_{12}$が多い。

保存▶削りがつおは香りがとびやすいので、密封できる袋に入れて冷蔵庫に入れ、早めに使いきる。昆布は湿けを避けて密閉容器に入れ、冷暗所で保存する。煮干しは密閉容器に入れ、冷蔵庫または冷凍庫に保存する。

市販のものもある

粉末（写真右）、顆粒、液体、ティーバッグ式（写真左）などのタイプがあるが、いずれも塩分が添加されていることが多いので、塩分を含む調味料は控えめにする。味が濃いので、正しい分量で使いたい。

一番だし　すまし汁からあえ物、煮物、めんつゆまでオールマイティーに使える。グラグラと煮立てずに、うまみをやさしく引き出すのがコツ。

材料
（でき上がり約400mℓ）
削りがつお…½カップ
昆布…10cm
水…500mℓ

1 昆布は湿らせたキッチンペーパーでさっとふき、鍋に入れる。分量の水を注ぎ、20分ほどおく。水で洗うと表面のうまみ成分が流れ出てしまうので注意。

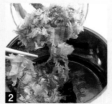

2 削りがつおを加える。削りがつおの量が少ない場合はうまみがよく出るように水から入れて煮出す（削りがつおの量がもっと多い場合は、沸騰直前に昆布を引き出してから加え、火を止める）。

3 弱めの中火にかけ、湯がフツフツと煮立ち始めたら火を止める。グラグラと煮立たせるとアクやくさみが出て、すっきりとした味に仕上がらない。

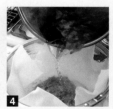

4 ざるにキッチンペーパーを敷いて下にボウルを当ててこす。しぼるとだしがにごり、においや雑味が出るので、ざるを持ち上げて汁を自然にきる。

作ってみよう

野菜の自然な甘さが実感できる一品
かぼちゃと玉ねぎのみそ汁

1人分
68
kcal

材料(2人分)
かぼちゃ…60g
玉ねぎ…¼個
絹さや…6枚
煮干しだし…500㎖
みそ…大さじ1.5

作り方
1 かぼちゃは種とわたをとり、8㎜厚さの一口大に切る。玉ねぎは横に半分に切って縦に薄切りにする。
2 絹さやはへたと筋をとり、斜めに2つ〜3つに切る。
3 鍋にだし、1を入れて中火にかけ、煮立ったら弱火にして6〜7分煮る。2を加えてさっと煮、みそをとき入れてひと煮立ちさせる。

煮干しだし

みそ汁や濃いめの味の煮物に向く、ふだん使いに便利なだし。
弱めの火かげんで、煮干しの味をしっかり煮出すのがコツ。

材料
（でき上がり約400㎖）
煮干し…20g
水…600㎖

1 煮干しは頭をとって身を縦に2つに裂き、黒っぽい内臓のかたまりをとり除く。内臓をつけたままだしをとると苦みが出る。

2 鍋に煮干しを入れて分量の水を加え、20分ほどおいてから中火にかける。煮立ち始めたら火を弱め、アクをていねいにすくいとる。

3 煮干しがゆらゆらする程度の火かげんで10分ほど煮てうまみを引き出し、キッチンペーパーを敷いたざるでこす。けっして煮立てないように注意する。

スープ

材料表で"スープ"と表示されるのがこちら。コンソメやブイヨン、鶏ガラスープのもとを使うことが多いが、手羽先でとる手軽なスープの作り方を紹介するので、ぜひ活用して。

料理にだしとして使われる

汁物としてのスープを作るときだけでなく、料理のだしとして使われる。

市販品がなじみ深い

中華風は鶏ガラや豚骨などがあり、顆粒やペースト状が主流。汁物の場合は、酒少々を加えるとクセが消える。洋風はチキンやビーフなどが多く、固形、顆粒がある。いずれも塩分が高いので使いすぎに注意。

栄養▶手羽先を使ったスープの場合、ビタミンB₁₂が多く、ほかのB群もバランスよく含まれる。スープのもとの場合は、製品によって違うが、あまり栄養は期待できない。

保存▶まとめて作って冷蔵庫で数日保存することができる。また、製氷機に入れて冷凍保存も可能。

手羽先スープ

手軽に作れる鶏ガラ風のスープ。汁物はもちろん、ラーメンやなべ物などに幅広く使える。

材料
（でき上がり約800ml）
鶏手羽先…3本
しょうがの薄切り…2枚
ねぎの青い部分
　…5cm長さ2本
水…1100ml

1 手羽先は、洗ってから先端の三角形の部分を切り離し、裏側の太い骨に沿って切り込みを入れる。これで、うまみを早く煮出すことができる。

2 鍋に水、手羽先、しょうが、ねぎを入れて強火にかける。ねぎとしょうがは鶏のくさみを消す役目があるが、多すぎると逆効果になる。

3 煮立ったら火を弱めてアクをとり、フツフツした状態の火かげんにして、20～30分煮てうまみを引き出す。

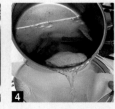

4 ざるにキッチンペーパーを敷いてこす。使いきれなかったスープは小分けにして冷凍保存する。残った鶏肉は、肉をほぐしてあえ物などに利用できる。

PART 1

野菜・いも・きのこ 香味&薬味野菜

野菜は下ごしらえと切り方しだいで、
味わいが大きく変わります。
材料ごとに覚えておきたいテクニックと、
その材料が持つ味わいを最も簡単に
おいしく味わえるレシピをご紹介。

青菜 ほうれんそう・小松菜など

たっぷりの湯で1束を数回に分けてゆでる

栄養▶β-カロテンが豊富で、生活習慣病の予防に有効。油を使って調理すると、栄養成分が吸収されやすくなる。

旬・選び方▶晩冬が旬。緑色が濃く、葉に厚みのあるものを選ぶ。

保存▶ぬらした紙で包み、ポリ袋に入れ、冷蔵庫の野菜室に立てて入れる。

重さの目安▶1株が25〜50g、1束で300g。

準備

水に根をひたして葉をシャキッとさせてから調理すると、歯ざわりがよくなる。

汚れを洗い流す。根元の茎の間に泥が入り込んでいるので、よく洗う。

ひげ根は切り落とす。根元の太いものは、十文字に切り込みを入れると、火の通りがよくなる。

ゆでる

数株をつかみ、たっぷり沸いた湯に、火の通りにくい根元だけを入れ、ひと呼吸おいて葉を沈める。株を少なくすると、湯が再沸騰するまで時間がかからず、ゆでぐあいにムラが出にくい。

再び煮立ってきたら上下を入れかえる。

緑色があざやかになったらすぐに水にとって冷ます（水の温度が上がったら冷水に入れかえる）。残りの株もこの要領で数回に分けてゆで、水で完全に冷ます。

水の中で根元をそろえて持つ。

簡単な作り方を教えます

ほうれんそうの白あえ

材料(2人分)

1人分
125
kcal

ほうれんそう…150g
しょうゆ…小さじ1
木綿どうふ…100g

A
| ねり白ごま…大さじ1
| 砂糖…大さじ1
| しょうゆ…小さじ1
| 塩…少々

作り方

1 鍋に湯を沸かし、とうふを手でくずし入れ、1〜2分ゆでてざるに上げ、冷ます。

2 ほうれんそうは左ページの要領でゆでて水けをしぼり、3cm長さに切る。しょうゆを振り、水けをしぼる。

3 ボウルに1を入れ、ゴムべらでつぶす。なめらかになったらAを加えてまぜ、2をあえる。

水けをしぼる

根元を上、葉先を下にして、上から下へ握る位置をずらしながら、ギュッと水けをしぼる。

食べやすい長さ(4〜5cm)に切り、さらに水けをしぼると調味料がなじみやすい。

One point lesson

2〜3日以上、保存するならゆでて冷凍

ゆでて切ったほうれんそうの葉と茎を交互に重ね、少量ずつラップで包み、保存容器に入れて冷凍する。凍ったまま汁物やスープに加えられる。

長めに煮て甘みを引き出すのがコツ
小松菜と厚揚げの煮びたし

冷凍保存のほうれんそうにおすすめ
ほうれんそうの
オープンオムレツ

材料(2人分)

1人分 212 kcal

小松菜…150g(½束)
厚揚げ…½枚(70g)
油…大さじ1
赤とうがらし…1本

A
だし…130〜140ml
しょうゆ…小さじ2
みりん…大さじ1
砂糖…小さじ1
塩…少々

作り方
1 小松菜は根元を切って4cm長さに切り、葉と茎に分けて水に5分つけ、水けをきる。
2 厚揚げは熱湯をかけて油抜きをし、短い辺を半分に切って3等分する。
3 鍋を中火で熱して油をなじませ、小松菜の茎と厚揚げを入れて炒める。油が回ったら葉と赤とうがらしを加えて炒める。しんなりしたらAを加えて3〜4分煮る。火を止めてあら熱がとれるまでおき、味をなじませる。

材料(2人分)

1人分 256 kcal

ゆでほうれんそう…80g
玉ねぎの薄切り…50g(¼個)
オリーブ油…大さじ½
卵…4個
粉チーズ…大さじ1
バター…大さじ1
塩…小さじ⅓
こしょう…少々

作り方
1 ほうれんそうは、水けをしぼってみじん切りにし、水けをさらにしぼる。
2 フライパンを中火で熱してオリーブ油をなじませ、玉ねぎを炒める。透き通ってきたら1を加えて炒め、塩、こしょうを振って火を止める。
3 ボウルに卵を割りほぐし、2と粉チーズを入れてまぜる。
4 直径20cmのフライパンを中火で熱してバターをとかし、3を流し入れる。ふたをして弱火で4〜5分焼き、固まってきたら、フライ返しで裏返す。さらに1〜2分焼き、中まで火を通す。

あと1品ほしいときに重宝するレシピ

小松菜としらすの
おかかあえ

材料(2人分)

31
kcal
1人分

小松菜…½束(150g)

しらす干し…大さじ2

A │ 削りがつお…½パック(2g)
  │ しょうゆ…大さじ½
  │ みりん…小さじ1

削りがつお…少々

おろししょうが…小さじ1

作り方

1 小松菜はp.16の要領でゆでて水けをしぼ
り、3～4cm長さに切ってさらにしぼる。

2 ボウルに1を入れてしらす干し、Aを加えてあ
える。

3 器に盛り、削りがつおとしょうがを添える。
好みでしょうゆ少々を振る。

旬でも旬でなくてもおいしい一品

小松菜と牛肉の
オイスター炒め

材料(2人分)

308
kcal
1人分

小松菜…200g(⅔束)

牛こまぎれ肉…150g

A │ 塩、こしょう…各少々
  │ 酒…大さじ½
  │ かたくり粉…大さじ½

ゆでたけのこ…60g

油…大さじ1

ごま油…小さじ1

B │ オイスターソース…大さじ1½
  │ しょうゆ…小さじ1
  │ 酒…大さじ½

作り方

1 小松菜は根元を切って4cm長さに切り、葉
と茎に分けて水に5分つけ、水けをきる。た
けのこは縦に薄く切る。

2 牛肉は大きければ一口大に切り、Aをまぶす。

3 フライパンを中火にかけて油大さじ½をな
じませ、小松菜の茎と水大さじ2を入れ、ふ
たをして1～2分蒸す。しんなりしたらざるに
上げる。

4 フライパンを再び中火で熱し、残りの油と
ごま油をなじませ、牛肉を入れて炒める。肉
の色が変わったらたけのこと3を戻し入れ、
葉も加えて炒める。仕上げにBを加えて手
早く炒め合わせる。

春菊

よく洗って汚れや虫を除き、葉先をつんで使う

栄養▶β-カロテンに富む。独特の香り成分には胃腸の働きを活発にする作用がある。油を使って調理すると、栄養成分が吸収されやすくなる。

旬・選び方▶晩秋から春にかけてが旬。春先に出回るものはやわらかく、生食できる。葉の緑色が濃く、葉が厚めで張りがあるものを選ぶ。

保存▶ぬらした紙で包み、ポリ袋に入れ、冷蔵庫の野菜室に立てて入れる。

重さの目安▶1株で20～30g、1束は200g

準備

ゆでる

泥や小さな虫がついていることもあるので、よく洗う。サラダやかき揚げにするときは、根元がかたければ、葉先のやわらかい部分をつんで使う。ゆでるときは、根元を2～3cm切り落とす。

数株（約60g）をつかみ、たっぷりの沸いた湯に根元だけを入れ、ひと呼吸おいて葉を沈める。冷ますための水をボウルに入れておく。再び煮立ってきたら上下を入れかえる。やけどに注意して、根元につめを立ててみる。火が通っていれば、すぐに水にとって冷まし、根元をそろえて持ち、水けをしぼって使う。数日以上保存したいときは、p.17を参照して冷凍保存する。

独特の香りを楽しむ

春菊ときのこのおひたし

**1人分
38
kcal**

材料(2人分)
ゆでた春菊…小1束分
えのきだけ…1袋
A │ だし(p.12)…50ml
  │ しょうゆ…大さじ½
  │ みりん…小さじ1

作り方
1 春菊は5cm長さに切って水けをしぼる。
2 えのきだけは根元を切り落とし、長さを半分に切る。湯でさっとゆで、水けをきる。
3 ボウルに春菊とえのきを入れ、まぜたAを大さじ1½加えてあえる。器に盛り、残りのAをかける。

チンゲンサイ

炒めてから水を加える、「炒め蒸し」がおすすめ

栄養▶β-カロテン、ビタミンC・Eが多く、強い抗酸化作用を持つ。カリウム、カルシウム、鉄にも富む。

旬・選び方▶一年じゅう出回る。葉が厚めで緑色が濃く、軸がぷっくりとしているものを選ぶ。

保存▶ぬらした紙に包んでポリ袋に入れ、冷蔵庫の野菜室に立てて入れる。

重さの目安▶1株で100g

切る

  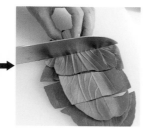

葉と軸では火の通る時間に差があるので、切り分けておき、時間差をつけて加熱するとよい。軸は食べやすい大きさに縦に等分する。軸の根元に泥が入っていることも多いので、切り口を下にして水に4〜5分つけておくときれいになる。

葉は食べやすい長さに切る（ざく切り）。切らずに使うこともある。

軸を先に炒め蒸しにすると色あざやかに！

チンゲンサイのじゃこ炒め

1人分 117 kcal

材料(2人分)
チンゲンサイ…2株
油…大さじ1½
A｜水…50㎖
　｜塩…少々
ちりめんじゃこ…10g
しょうが(みじん切り)
　…薄切り2枚分
B｜酒…大さじ1
　｜塩…小さじ⅓
　｜しょうゆ…小さじ1
　｜砂糖…ひとつまみ

作り方
1 チンゲンサイは葉と軸に切り分け、葉はざく切りにし、軸は5㎝長さに切って6等分する。
2 フライパンを中火で熱して油大さじ½をなじませ、1の軸を入れてひと炒めし、Aを加えてふたをする。2〜3分炒め蒸しにしてざるに上げる。
3 フライパンの水けをふき、中火で熱して残りの油をなじませ、しょうがとじゃこを入れて炒める。香りが立ったら1の葉を加え、2を戻し入れる。Bを加え、手早く炒め合わせる。

菜の花

炒めて蒸らす調理法で、栄養の吸収がよくなる!

栄養▶β-カロテンとビタミンC、鉄分や食物繊維が豊富。油と炒めると栄養成分の吸収がよくなる。

旬・選び方▶春が旬。花の咲いていない、つぼみのかたいものを選ぶ。茎は太く、切り口の新しいものがよい。

保存▶花が咲かないうちに使いきる。残ったときは、ぬらした紙で包み、ポリ袋に入れ、冷蔵庫の野菜室で立てて保存する。

重さの目安▶1束で200g

準備

根元を少し切って10分ほど水につけると、シャキッとみずみずしくなり、アクも抜ける。

ゆでる

根元のかたい部分を切り落とし、たっぷりの湯に茎のほうから入れる。再び煮立ったら1本とり出し、やけどに注意して茎を指で押し、中からジュッと汁が出てくれば、ゆで上がりの目安。すぐに水にとって冷ます。水の中で茎をそろえて持ち、葉を下にして手で握って水けをしぼる。

1人分
436
kcal

栄養を効率よくとれる一皿

菜の花の炒め物

材料(2人分)
菜の花…200g
牛切り落とし肉…150g

A
塩、こしょう…各少々
酒…小さじ2
かたくり粉…小さじ2

油…適量
塩…少々
卵…2個

B
オイスターソース…大さじ1
しょうゆ…大さじ1
酒…大さじ1
砂糖、こしょう…各少々

作り方

1 菜の花は長さを半分に切り、太い茎と葉、つぼみに分ける。

2 牛肉は一口大に切り、Aをまぶす。卵は割りほぐす。

3 フライパンを中火で熱して油小さじ1をなじませ、1の茎を入れて炒める。しんなりしたら、残りの1をのせ、水100mlを加えて塩を振り、ふたをして1〜2分蒸す。ざるに上げて水けをきる。

4 フライパンの水けをふき、中火で熱して油大さじ1をなじませ、卵を流し入れる。大きくまぜながら炒め、半熟状になったらとり出す。

5 同じフライパンに油大さじ½を足し、牛肉を入れて中火で炒める。色が変わったらBを加え、3と4を戻し入れて炒め合わせる。

にら

油を加えて色よくゆで、
かさを減らしてたっぷり食べたい!

栄養▶β-カロテンをはじめ、ビタミン類やミネラルが豊富。香り成分のアリシンにはビタミンB$_1$の吸収を高める働きがある。

旬・選び方▶3〜4月が旬。葉が肉厚でピンとしたものがよい。

保存▶ぬらした紙で包み、ポリ袋に入れて冷蔵庫の野菜室に立てて入れる。

重さの目安▶1束で100g

みじん切り

半分に切って重ね、端から刻む。ギョーザなどに向く。

ざく切り

端をそろえて4〜5cm長さに切る。あえ物、炒め物などに。

ゆでる

沸かした湯1ℓにごま油小さじ1を入れる(風味と発色、栄養の吸収がよくなる)。ざく切りのにらを入れてまぜ、数秒ゆでる。ざるに上げ、広げて冷ます。水っぽくなるので、水にはとらない。冷めたら手で水けをしぼる。

油を加えてゆでると栄養の吸収もアップ!
にらと豚肉の韓国風あえ物

1人分
206
kcal

材料(2人分)
にら…2束
にんじん…50g(約5cm)
豚こまぎれ肉…100g

A
| しょうゆ…大さじ1
| コチュジャン…大さじ½
| 酢…大さじ1
| 砂糖…小さじ½

B
| おろしにんにく…少々
| ごま油…小さじ1
| 塩…小さじ1

作り方
1 にらはざく切りにし、にんじんも同じ長さの短冊形に切る。豚肉は一口大に切る。
2 ボウルにAを合わせる。
3 鍋に水1ℓを沸かしてBを加え、にんじんを入れる。2〜3分ゆでてにらを加え、2〜3秒ゆでて野菜をざるに上げる。湯がきれたら、2のボウルに入れる。
4 鍋を再び煮立て、豚肉をゆでる。色が変わったらざるに上げて冷まし、ボウルに加えてあえる。

Part
1
キャベツ

PART
2

PART
3

PART
4

PART
5

キャベツ

葉の状態に合わせて料理法を選ぶのがおいしく食べるコツ

冬キャベツ

春キャベツ

紫キャベツ

栄養▶ ビタミンC、食物繊維が豊富。胃腸を丈夫にするビタミンUも含む。ビタミンCは水にとけやすく、熱に弱いので、水にさらす時間や加熱時間は短めに。

旬・選び方▶ 一年を通して出回るが、春キャベツの旬は4月、冬キャベツの旬は2月。どっしりとした重みがあり、巻きのしっかりしたものを選ぶ。

保存▶ ポリ袋に入れて冷蔵庫の野菜室に。外葉は捨てずにくるんでおくと、乾燥を防ぐ。カットされたものは断面にラップを密着させて乾燥を防ぐ。

重さの目安▶ 大きめの葉が2枚で100g

1枚ずつはがして使う

包丁で切ると金属にふれて酸化しやすいので、鮮度を保つためには1枚ずつはがして使うのがベター。包丁の刃先で芯の周囲、数カ所に切り込みを入れ、破らないように1枚ずつはがす。

厚みのある軸は切りとって別扱いに

生食の場合はかたいし、火が通りにくいので、葉の中央にある軸は、形に沿って包丁を入れ、切りとる。ただし、軸は栄養のある部位なので、斜め薄切りにして食感や火の通りをよくして、葉といっしょに使う。

ざく切り

軸を除いた葉を縦に3〜4等分（食べやすい幅）に切る。

繊維の方向をできるだけそろえて重ね、長さを3〜4等分に切る。
炒め物など、加熱してかさが減る料理に向く。やや大きめに切ることでしっかりとした食感が残る。

Part
1
キャベツ

PART
2

PART
3

PART
4

PART
5

春キャベツのみずみずしさを味わう
春キャベツの甘酢サラダ

1人分
130
kcal

材料(2人分)
キャベツ…3〜4枚(約200g)
玉ねぎ(あれば新玉ねぎ)…¼個
コーン缶(ホール)…½カップ
塩…小さじ⅓〜½
砂糖…小さじ1½
酢…大さじ1
油…大さじ1

作り方
1 キャベツは1cm幅に切る。
2 玉ねぎは横半分に切って縦に薄切りにし、水に5分つけて水けをきる。コーンはざるに入れ、熱湯を回しかける。
3 ボウルにキャベツと玉ねぎを入れ、塩を振って手で軽くもみながらまぜる。5〜6分おいて塩がなじんだら、砂糖、酢、油の順に加えてまぜ合わせ、コーンを加えてざっとあえる。

One point lesson

キャベツの炒め物は ふたをして蒸らすと おいしくなる

キャベツをざく切りにして、油をなじませたフライパンに入れ、ざっと炒めてから、少量の水を加えてふたをする。1〜2分蒸らして葉から水分が出てきたらふたをとり、強火で水分がとぶまで炒めて。

せん切り

ざく切りにした葉を繊維の方向をそろえて重ねる。

パリッとした食感にしたいときは、上から軽く押さえ、繊維に沿って端から切る。ふんわり仕上げたいときは、キャベツの向きを変え、繊維を断ち切るように端から切る。

シャキッとさせる

切った葉を水を張ったボウルにさっとつける。すぐに水けをきってポリ袋に入れ、口を結んで冷蔵庫に入れておくと、シャキッとなる。水に長くつけると風味や栄養が流れ出るので、水にくぐらせる程度にすること。せん切りに限らず、ざく切りなども同様。

Part
1
キャベツ

PART
2

PART
3

PART
4

PART
5

巻きがかたい冬キャベツは
煮込み料理におすすめ

ロールキャベツ

1人分
386
kcal

材料(2人分)
キャベツ…大4枚(約250g)
合いびき肉…200g
A｜玉ねぎ(みじん切り)…60g(¼個)
　｜とき卵…½個分
　｜塩、こしょう…各少々
にんにく(包丁の腹でつぶす)…½かけ
トマト缶…½缶(200g)
オリーブ油…大さじ½
B｜スープ(p.14)…300㎖
　｜ローリエ…1枚
塩、こしょう…各少々
バター…大さじ1

作り方
1 鍋に湯を沸かし、キャベツを2分ゆで、ざるに広げて冷ます。まないたに葉を広げ、軸の太い部分の厚みに包丁を入れてそぐ。
2 トマトはフォークでつぶす。
3 大きめのボウルにひき肉を入れてねり、Aとそいだ軸をみじん切りにしたものを加えまぜる。
4 キャベツの内側を上にして広げ、手前に3の¼量をのせて左右を中央に折り返し、手前からくるりと包む。同様にしてあと3個作る。
5 フライパンにオリーブ油とにんにくを入れて弱火で熱し、香りが立ったら2を加える。4の巻き終わりを下にして並べ、Bを加えてふたをする。煮立ったら弱めの中火にして20〜30分煮る。塩、こしょうで調味し、煮汁にバターを加えて仕上げる。

使いきれない分は
塩もみキャベツに

残ったら「塩もみキャベツ」にして冷蔵庫にストックしておきましょう。余分な水けが抜けているので、そのままつけ合わせにしたり、サラダ、あえ物、スープの具などに使えます。

作り方
1 キャベツ7〜8枚（約400g）は繊維を断ち切るように細切りにする。ポリ袋に入れ、塩小さじ⅔強を振って軽くまぜる。
2 袋の中の空気を抜いて口を閉じ、5分ほどおいて、しんなりしたら軽くもむ。

保存 冷蔵室で3〜4日

塩もみキャベツ活用レシピ❶
塩もみキャベツとツナのサラダ

1人分
219
kcal

材料(2人分)
塩もみキャベツ…¾量
ツナ缶…70g
A
酢…小さじ2
油…大さじ1½
塩、こしょう…各少々
砂糖…ひとつまみ

作り方
1 塩もみキャベツは軽く水けをしぼる。
2 ツナは缶汁をきって、あらくほぐす。
3 ボウルにAを入れてまぜ合わせ、キャベツ、ツナを加えてあえる。

塩もみキャベツ活用レシピ❷
塩もみキャベツのスープ

1人分
75
kcal

材料(2人分)
塩もみキャベツ…¼量
ハム…20g
オリーブ油…大さじ½
玉ねぎの薄切り…70g
A
水…500㎖
鶏ガラスープのもと…小さじ1
塩、こしょう…各少々

作り方
1 塩もみキャベツは水けを軽くしぼる。ハムは細切りにする。
2 鍋を中火で熱してオリーブ油をなじませ、玉ねぎを入れて弱火でゆっくりと炒める。
3 玉ねぎがしんなりしたらAを加えて強火にし、煮立ったらキャベツを入れて7〜8分煮る。最後に細切りにしたハムを加えて塩、こしょうを振る。

Part
1
キャベツ

PART
2

PART
3

PART
4

PART
5

Part
1
レタス

PART
2

PART
3

PART
4

PART
5

レタス

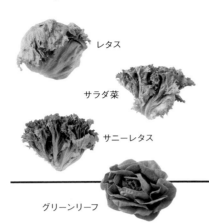

レタス

サラダ菜

サニーレタス

グリーンリーフ

パリッとした食感を楽しむほか、加熱して量をとるチャレンジを

栄養▶ビタミンC・E・K、葉酸、カリウム、銅などを豊富に含む。

旬・選び方▶春から初夏が本来の旬だが、一年じゅう手に入る。淡い緑色でつやがあり、芯の切り口が白いものが新鮮。

保存▶まるごとならぬらした紙で包み、ポリ袋に入れて冷蔵庫の野菜室へ。使い残しはちぎって水でさっと洗い、紙を敷いた保存容器に入れて冷蔵室へ。

重さの目安▶葉3〜4枚で100g

1枚ずつ葉をはがす

包丁で根元を切ると、そこから酸化して赤くなりやすいので、手ではがす。

手でちぎる

金けに当たると切り口が赤くなることもある。手でちぎり、すぐに水につけ、5分ほどおき、パリッとさせる。

水けをふきとる

パリッとしたらざるに上げてしばらくおき、水けをきる。料理が水っぽくなるのを防ぐため、さらにキッチンペーパーで水けをふきとる。特にサラダや炒め物のときは、しっかりふく。

One point lesson

淡泊なので汁や炒め物にどんどん加えて使いきる

レタスが残ったら、サラダはもちろん、みそ汁やスープ、炒め物、チャーハンなどにどんどん加えて使いきるのがおすすめ。味にクセがないので、いろいろなものになじみやすい。

Part
1
レタス

PART
2

PART
3

PART
4

PART
5

2人で1個をまるごと食べきれる!

レタスと豚肉のしゃぶしゃぶ

1人分
400
kcal

たれは徐々に薄まるので、多めに用意しておくとよい。

材料(2人分)
レタス…小1個
　　しょうゆ…大さじ2
　　酢…大さじ2
A　砂糖…小さじ½
　　すり白ごま…大さじ2
　　おろししょうが…小さじ½
塩…小さじ1
ごま油…大さじ½
豚薄切り肉(しゃぶしゃぶ用)…200g

作り方
1 レタスは1枚ずつ葉をはがして大きく手でちぎる。水に5〜6分つけてパリッとさせ、ざるに上げて水けをきる。
2 Aはまぜ合わせてたれを作る。
3 鍋に水1ℓを沸かし、塩とごま油を入れる。煮立ったら豚肉とレタスを少量ずつ入れる。レタスはしんなりしたらとり出し、豚肉は火が通ったらとり出し、ともにたれをつけて食べる。

29

白菜

白菜

ミニ白菜

オレンジ白菜

外葉は煮物や炒め物、内葉は
さっと煮やサラダ、漬け物に

栄養▶ビタミンCやカリウムを多めに含み、糖質が少なく、熱量は低い。

旬・選び方▶11〜1月が旬。巻きがかたく、外葉の色が濃く、ずっしりと重量感のあるものが良品。カット売りのものは、切り口の軸の部分が新しいものを。

保存▶まるごとなら新聞紙で包んで、冷暗所に立てておく。切ったものは断面にラップをぴったりとかけ、ポリ袋に入れて冷蔵庫の野菜室に立てて入れる。

重さの目安▶大きめの葉で1枚100g、中くらいのもの1個で1〜1.5kg

芯をとる

まるごとの白菜は半分に切り、芯の周囲にV字に切り込みを入れ、とり除く。1/2や1/4にカットしてあるものも同様に。

葉をはがす

葉を1枚ずつ使うときは、芯の切り口からはずして、葉が破れないようにはがす。

葉と軸を切り分ける

葉と軸の境目に沿ってV字に切って、葉（緑色の部分）と軸（白い部分）を分ける。かたさが違い、火が通る時間に差があるので。

ざく切り

炒め物などに使うときは、葉は縦に2〜3等分して向きをそろえて重ね、横において、端から3〜4cm幅に切る。

軸のそぎ切り

幅が広いので、作る料理に合わせて、軸を縦½や⅓に切ってから、横におく。包丁を斜めに倒して白菜に沿わせるようにして切る。切り口の断面の面積が大きくなって火が通りやすくなる。

短冊切り

軸の食感を生かしたい漬け物や炒め物では、軸の長さを5cmに切りそろえ、繊維に沿って右端から縦に1〜2cm幅に切る。

ササッとできてしみじみおいしい
白菜の煮びたし

材料(2人分)
白菜…2枚(200g)
油揚げ…1枚
油…大さじ1
赤とうがらし…小1本

A
だし…100㎖
薄口しょうゆ…大さじ1
みりん…大さじ½
砂糖…ひとつまみ

1人分
142
kcal

作り方
1 白菜は1枚ずつはがして軸と葉に切り分ける。軸は2㎝長さのそぎ切りにし、葉はざく切りにする。
2 油揚げは湯をかけて油抜きし、短冊切りにする。
3 鍋を中火で熱して油をなじませ、1の軸と赤とうがらしを入れて強火で炒める。油が回ったら1の葉も加えてひと炒めし、Aを加える。
4 油揚げを加えて中火で7～8分煮、火を止めて味を含ませる。

軸の甘みと食感を楽しむ漬け物
ラーパーツァイ

材料(作りやすい分量)
白菜の軸…200g
しょうがのせん切り
　…薄切り2枚分(5g)
赤とうがらし…2本
油…大さじ1

A
酢…50㎖
砂糖…大さじ2
塩…小さじ½強

1人分
181
kcal

作り方
1 白菜の軸は長さを2等分し、縦に8㎜幅に切る(短冊切り)。赤とうがらしは種をとる。
2 フライパンを中火で熱して油をなじませ、白菜を入れて炒める。少ししんなりしたら、しょうが、赤とうがらしを加えてさらに炒める。
3 とうがらしの香りが立ったらAを加え、煮立ったら耐熱ボウルに移し、冷めるまでおいて味をなじませる。

保存 冷蔵室で3～4日

短時間で火が通る内葉を使いたい

白菜とほたてのクリーム煮

1人分
334
kcal

材料(2人分)
白菜…2～3枚(250g)
ほたて貝柱…小4～6個
にんじん(薄い輪切り)…⅕本分(40g)
塩、こしょう…各適量
小麦粉…適量
油…大さじ½
バター…大さじ2
A｜水…200㎖
　｜鶏ガラスープのもと…小さじ1
牛乳…135㎖
生クリーム…大さじ1

作り方
1 白菜は軸と葉に切り分け、軸は4㎝長さ
　のそぎ切りにし、縦に1㎝幅に切る。葉
　はざく切りにする。
2 ほたては洗って水けをふき、塩、こしょう
　各少々を振り、小麦粉を薄くまぶす。
3 フライパンを中火で熱して油をなじま
　せ、ほたての両面をさっと焼く。
4 鍋を弱火にかけてバターをとかし、1の軸
　を入れて炒める。しんなりとしたら小麦
　粉大さじ2を振り入れ、焦がさないよう
　に炒める。
5 小麦粉がなじんだらAを加えてまぜ、に
　んじんも加える。
6 煮立ったら牛乳を加えてまぜ、とろみが
　ついたら1の葉と3を加えて5分ほど煮
　る。塩とこしょう各少々で調味し、最後
　に生クリームを加えてひと煮する。

使いきれない分は
浅漬け風に

使いきれない白菜は、保存のきく浅漬け風のあえ物にしましょう。水けをしぼれば漬け物として食べられるうえに、サラダ、炒め物、スープにも使えて重宝します。

作り方
1 白菜大¼個（約500g）は軸と葉に切り分け、軸は長さを3等分に切り、縦に1〜2cm幅に切る。葉はざく切りにする。
2 ポリ袋に軸と塩小さじ1を入れて、軽くもみ、葉と塩小さじ¼を加えてさらにもむ。重し（皿数枚）をのせて30分以上おく。

保存 冷蔵室で3〜4日

浅漬け風 活用レシピ
即席キムチ

1人分
167
kcal

材料（2人分）
白菜の浅漬け風…¼個分
からし明太子…60g
A｜おろしにんにく…小さじ1
　｜おろししょうが…小さじ1
　｜りんご（すりおろし）…⅙個分
　｜こぶ茶…小さじ½
　｜粉とうがらし…小さじ1

作り方
1 明太子は薄皮をはいで中身をほぐし、Aを加えてまぜる。
2 白菜の水けをしぼり、1に加えてあえる。

かぼちゃ

油と組み合わせてβ‐カロテンを吸収しやすく

栄養▶特にビタミンEとβ-カロテンを多く含み、ビタミンC・K、カリウムなどをバランスよく含む。

旬・選び方▶5～9月が旬。西洋かぼちゃは、緑が濃いめのものを選ぶ。へたのまわりがへこんでいるものは完熟している証拠。カットされたものは黄色が濃く、果肉の厚いものがよい。

保存▶カットされたものは種とわたを除き、ラップを密着させて包み、冷蔵庫の野菜室で保存する。低温に弱いので、3日ぐらいで食べきる。長く保存するときは、加熱して小分け冷凍するとよい。

重さの目安▶2㎝角1個で20ｇ、1/4個で400ｇ

種とわたをとる

種とわたがついたまま保存すると傷みが早いので、必ずとり除く。大きめの丈夫なスプーンを使い、実とわたの境目にさし込んで、わたと種をくりぬくようにしてとる。

皮は包丁でそぐようにしてむく

皮には栄養成分が多く、皮つきなら煮くずれしにくいので、できるだけ皮ごと調理したいが、スープやサラダで口当たりが悪く感じられるときは、包丁で皮をそぎ落とすようにしてむく。かたいので手で持ってむくのは危険。

切り分ける

包丁が入りやすい実を上にして切り分ける。このとき、皮の面が下になるため、安定が悪く、かぼちゃが動いて手がすべりやすいので、必ずふきんを当て、もう一方の手を添えて押さえながら切り分ける。

小さく切る

果肉がやわらかめの内側を上にしておき、食べやすい大きさに切り分ける。かたい皮側を上に向けて切ると安定が悪く、切りにくい。

わたを切りとる

煮くずれしやすく、口当たりと見た目が悪いので、とり残したわたをそぎとる。

面取り

じっくりと煮込む場合や、きれいに煮上げたいときは、切り口の角を薄く削りとってから煮ると煮くずれ防止になる。これを面取りという。煮物のときも、ところどころむいてから使うと、味がしみやすくなる。

使いきれない分は
マッシュかぼちゃに

マッシュして生クリーム、牛乳、マヨネーズなどを加えて冷蔵保存すると、サラダやコロッケ、
グラタン、スープなどに利用できる。冷凍保存の場合は、味つけせずに小分けにして冷凍室へ。

作り方

1　かぼちゃは扱いやすい大きさに切り、ラップをして電子レンジでやわらかくなるまで加熱（かぼちゃ¼個で5分ほど）。スプーンで果肉だけをこそげとる。

2　熱いうちに泡立て器やフォークの背などで、形がなくなるまでつぶす。完全に冷ます。

3　冷蔵の場合は密閉容器に入れて、冷凍の場合は小分けしてラップで包んで保存袋に入れる。

保存　冷蔵室で3〜4日／冷凍室で1カ月

活用レシピ
かぼちゃのスープ

1人分
348
kcal

材料(2人分)
マッシュかぼちゃ…300g
牛乳…600㎖
塩、パセリのみじん切り…各少々

作り方
1　鍋にかぼちゃを入れ、牛乳を少量ずつ注ぎ、まぜながらなめらかにのばす。
2　弱火にかけ、まぜながらあたためる。塩を加えて調味し、器に盛ってパセリを散らす。
　　※冷凍したマッシュの場合は、自然解凍してから作り始める。

きゅうり

きゅうり

四川きゅうり

ミニきゅうり

切り方で変わる食感を楽しむ

栄養▶ビタミンC、カリウム、鉄などが微量だが含まれている。漢方では、体のほてりをしずめ、むくみをとるとされている。

旬・選び方▶一年じゅう出回っているが、露地物は7〜8月、ハウス栽培は5〜8月が旬。さわると痛いくらいしっかりとしたいぼがあり、全体に張りがあって緑色の濃いものがよい。

保存▶水けをふきとってポリ袋に入れ、密閉せずに冷蔵庫の野菜室で保存すれば4〜5日はもつ。水分が多いので、冷やしすぎると凍りやすく、傷みやすいので注意。

重さの目安▶1本で100g

板ずり

水洗いしてから塩少々をまぶし、まないたの上で転がす。青くささが減り、色よくなり、味のなじみもよい。塩を洗い流して使う。

皮をむく

あえ物では皮を縞目にむいて味をなじみやすくする。また特有の青くささが苦手という人は、皮をむけば食べやすくなる。ピーラーを使えば簡単。

たたき割り

すりこ木でたたき、割れ目が入ったら5cm長さに切って、割れ目から2〜3つに裂くと、断面の表面積がふえ、味のなじみがよい。即席漬けやあえ物、サラダに向く。

小口切り
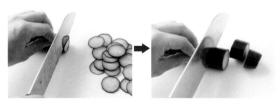
きゅうりを横にしておき、端から切る。小口とは、長いものの断面や切り口のこと。シンプルなあえ物やサラダには、ごく薄く切って使う。また、魚介類と合わせるときは5mm厚さ、鶏肉など肉と合わせるときは、しっかり食べごたえがあるように1cm厚さに切るとよい。

せん切り

両端を切り落とし、斜めに薄く切る(斜め薄切り)。

斜め薄切りを少しずらして重ね、縦に細く切るとせん切り。繊維が断ち切れてやわらかい食感になる。

Part
1
きゅうり

PART
2

PART
3

PART
4

PART
5

塩もみしてパリパリ感をアップ!

きゅうりとめかぶの酢の物

材料(2人分)

きゅうり(小口切り)…1本(100g)
塩…小さじ¼
みょうが…2個
めかぶ(味のついていないもの)…100g
A ┃ 酢…大さじ1
　 ┃ しょうゆ…大さじ1
　 ┃ みりん…小さじ1

1人分
29
kcal

作り方

1 水400mℓに塩を加えまぜ、きゅうりを10分ほどつける。しんなりしたらざるにとり、手で水けをしぼる。

2 みょうがは縦半分に切って小口切りにし、水に5〜6分つけて水けをきる。

3 ボウルにきゅうり、みょうが、めかぶを入れ、Aを加えてあえる。

乱切り

斜めに包丁を入れてその切り口が上にくるように回しながら同じ大きさになるように斜めに包丁を入れる。これをくり返す。切り口の表面積がふえるので味がしみ込みやすい。

塩もみ

 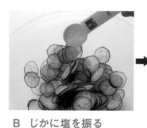  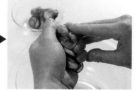

A　塩水につける
水200mℓにつき塩小さじ1の割合でといた塩水を作る。薄い小口切りにしたきゅうりをこの塩水につけ、しんなりとするまでおく。塩味のつき方がマイルド。

B　じかに塩を振る
きゅうり1本につき塩約小さじ¼を、薄い小口切りにしたきゅうりに振り、しんなりとしたら手で軽くもむ。塩けが強いようなら、さっと水洗いする。

A、Bそれぞれのあと水けをしぼる
塩をしてしんなりとしたら、両手でギュッと握って水けをしぼる。きゅうりは塩もみすると、余分な水分が抜けて歯ざわりがよくなり、味もしみやすくなる。

Part
1
きゅうり

PART
2

PART
3

PART
4

PART
5

味がなじみやすいからすぐ食べられる

たたききゅうりの辛みあえ

材料(2人分)
きゅうり…2本(200g)
えび…6尾
塩…小さじ⅓
酒…大さじ1

A
┌ 豆板醤…小さじ½
│ しょうゆ…大さじ1
│ ごま油…大さじ1
│ 砂糖…小さじ½
│ 酢…大さじ½
└ しょうがのみじん切り…⅓かけ分

1人分 136 kcal

作り方
1 きゅうりはたたき割りにして塩を振りまぜ、10分ほどおく。
2 えびは背わたをとる。鍋に水50㎖とえび、酒を入れ、ふたをして3〜4分蒸し煮にする。冷めたら殻をむく。
3 ボウルにAを合わせ、水けをしぼった1と2を入れてあえる。

液が熱いうちに乱切りを漬け込む

ピクルス

材料(作りやすい分量)
きゅうり…2本(200g)

A
┌ 赤とうがらし…小1本
│ 粒黒こしょう…5〜6粒
│ ローリエ…小1枚
│ 酢…100ml
│ 水…100㎖
│ 砂糖…大さじ3
└ 塩…小さじ½

1人分 47 kcal

作り方
1 きゅうりは乱切りにする。
2 鍋にAの材料を入れてひと煮立ちさせ、熱いうちにきゅうりにかけ、味がなじむまで漬ける。

One point lesson

鮮度の落ちた きゅうりの活用法

長さを半分に切り、湯にさっとくぐらせ、冷水にとって水けをきり、漬け物や炒め物に使うとよい。パリッとした食感がとても新鮮。

使いきれない分は
薄塩漬けに

薄い塩味をつけて密閉容器に入れて保存すれば、3〜4日はもつ。浅漬けとして食べてもよいし、サラダやあえ物のほか、炒め物にも利用できる。

※薄切りの場合は重さの1%程度の塩を振る。乱切りや厚めの輪切りなら1.5%くらいの塩かげんが適当。

作り方

1 きゅうりは乱切りにして密閉容器に入れ、上から塩（きゅうり2本に塩小さじ½が目安）を振ってふたをし、冷蔵室へ。

2 使うときは上から順にとり出し、手で水けをしぼる。

薄塩漬け 活用レシピ
きゅうりといかの炒め物

1人分
121
kcal

材料（2人分）
薄塩漬けきゅうり…2本分
きくらげ（乾燥）…2g
するめいかの胴…小1ぱい分
塩…少々
A ┌ スープ（p.14）（または水）…100㎖
　│ 塩…小さじ⅓
　│ 砂糖…小さじ¼
　└ こしょう…少々
しょうが（せん切り）…薄切り1枚分
油…大さじ1
かたくり粉…小さじ1

作り方
1 きゅうりは水けをしぼる。きくらげは水でもどし、石づきをとって一口大に切る。
2 いかは皮をむいて開き、洗って水けをふく。縦に3等分し、全体に5〜6㎜間隔の切り目を縦に入れ、斜め細切りにする。塩を加えた湯を沸かしていかを入れ、色が変わったらざるに上げる。
3 フライパンを中火にかけて油をなじませ、しょうがを入れて炒める。香りが立ったらきゅうりときくらげを加えて1〜2分炒める。油がなじんだらAを回し入れ、いかを加えてざっと炒め合わせる。
4 かたくり粉を水小さじ1でといて加え、まぜながらとろみをつける。

Part
1
ゴーヤー

P A R T 2

P A R T 3

P A R T 4

P A R T 5

ゴーヤー
（にがうり）

油で炒めて水を加え、蒸し煮にすると、手早く苦みがとれる

栄養▶レモン（果汁）より多くビタミンCを含み、加熱にも強いほか、β-カロテンやミネラルも豊富。苦み成分のモモルデシンは抗酸化作用があり、生活習慣病の予防に有効。

旬・選び方▶夏が旬。小ぶりでも重みがあり、表面のいぼに傷のないものを選ぶ。先端が少し白っぽければ食べごろ。熟すとだいだい色になる。

保存▶わたの部分から傷みやすいので、縦半分に切ってわたと種を除き、ラップで包み、ポリ袋に入れて冷蔵し、早めに使いきる。長く保存したいときは薄切りにして塩もみにするか、ゆでて水けをきり、保存容器に入れて冷蔵すれば4〜5日はもつ。

重さの目安▶1本で200g

種をとる

苦みが集中している種をとり除くと食べやすくなる。両端を少し切り落とし、縦半分に切る。

皮をむく

スプーンで種をかき出すようにしてこそげとる。

薄切り

切り口を下にして端から斜めに薄く切る。皮のほうを下にすると安定が悪く切りにくい。

苦みをとる

ごく薄切りの場合
…あえ物、サラダ向き
塩水（水600mℓに塩小さじ1の割合）に薄切りを10分ほどつけ、さっとゆでてざるに上げ、水けをきって使う。

少し厚めに切った場合
…炒め物、揚げ物向き
少し厚く切った場合は、熱湯でさっとゆで、水けをきって使う。

下ごしらえも調理もフライパン1つで
ゴーヤーと豚肉のチャンプルー

1人分
330
kcal

材料(2人分)
豚薄切り肉…80g
A┃塩、こしょう…各少々
　┃かたくり粉…小さじ1
木綿どうふ…½丁
油…大さじ1
ゴーヤー(薄切り)…小1本分(150g)
とき卵…2個分
ごま油…大さじ½
B┃塩、こしょう…各少々
　┃しょうゆ…小さじ1½

作り方
1 豚肉は2〜3㎝幅に切り、ごく薄くAをまぶす。とうふは水けをきり、手で大きくくずす。
2 フライパンに油の半量を熱してゴーヤーを炒め、ひたひたの水を加えて強火で1〜2分ゆで、ざるにあける。
3 2のフライパンを中火で熱し、残りの油とごま油をなじませ、豚肉ととうふを炒める。油がなじんだら2も加え、中火で手早く炒める。Bで調味し、卵を回し入れ、炒め合わせる。

point

ゴーヤーをさっと炒めてから、水をひたひたになる程度に加えて1〜2分ゆでる。

ざるにあけて湯をきる。このように油で炒めてから下ゆですると、色があざやかに仕上がり、苦みもとれる。

トマト

ミニトマト

注目の栄養リコピンの吸収率は
油と調理するとアップ!

栄養▶β-カロテン、ビタミンCなどに加え、抗酸化作用があり、生活習慣病の予防に有効なリコピンや、血管壁を強くするルチンなどの栄養素が豊富。

旬・選び方▶6～8月が旬。全体が赤くて張りがあり、ずっしりと重いものがよい。角張ったものやひび割れのあるものは、中に空洞ができていることがあるので避ける。

保存▶青いところが残っているものは、ざるにのせて日の当たる窓辺において追熟するとよい。完熟したものは、ラップで包んで冷蔵庫の野菜室で保存。

重さの目安▶1個で150g、ミニトマト1個は15g

へたをとる

へたのすぐそばに包丁の先を入れ、ぐるりと回して、くりぬくようにへたをとる。

くし形切り

半分に切り、へたがあったほうを下にして、好みの厚さで縦に切り分ける。

輪切り

トマトを横にしておき、転がらないように手でしっかり支えて、好みの厚さに切る。

さいの目切り

7mm～1.5cm厚さの輪切りにしたトマトを同じ厚さに切ってから向きを90度変え、同じ厚さで切る。

乱切り

トマトをくし形に切ってから、1切れを2つか3つに斜めに切る。

種をとる

春先などはやわらかいのでとる必要がないが、酸味が強い露地物の種は口当たりも悪いのでとる。横半分に切り、小さめのスプーンで種をかき出す。トマトソースを作る場合、種を除いたほうが舌ざわりよく仕上がる。

One point lesson

ミニトマトは甘みが強く、
栄養価も高い!

リコピンに関していえば、100gあたりトマトが210mg、ミニトマトが290mg。ビタミンB₂やマグネシウムも大きなトマトより多く含んでいる。使いきれないときは、皮を湯むきしてオリーブ油であえて冷蔵保存を。そのまま食べてもいいし、卵炒めの具やサラダなどにしても。

皮をむく

薄皮をむくと口当たりや調味料とのなじみがよくなる。まずへたをとり、反対側に十文字に浅く切り目を入れる。

網じゃくしにのせて、へたのほうを下にして熱湯に入れ、十文字の切り目から皮がむけてくるまでつける。

皮がむけ始めたらすぐに、水を入れたボウルにトマトを入れて冷まし、切り目からめくれている皮をつまんでむく。

火であぶる

へたをとり、反対側に十文字の切り目を入れる。へた側にフォークを刺し、強火にかざす。位置を変えながら火であぶる。

皮に焦げ目がついたら、火からはずし、皮をはがす。湯むきにくらべ、水っぽくならない。

1人分
125
kcal

薄切りして盛り合わせるだけで完成
トマトとモッツァレラのサラダ

材料(2人分)
トマト…小2個(250g)
モッツァレラ
　　…1個(100g)
バジル…1枝
塩、こしょう…各適量
オリーブ油…大さじ1½
レモン汁…小さじ1

作り方
1　トマトはへたをとり、縦半分に切ってから5～6mm厚さに切る。
2　モッツァレラは水けをきって1.5cm角に切り、軽く塩、こしょうする。バジルは葉をつむ。
3　器に1と2を盛り、トマトに軽く塩を振り、オリーブ油とレモン汁を回しかける。

Part
1
トマト

PART
2

PART
3

PART
4

PART
5

露地物のトマトは炒めて甘みを楽しむ！

トマトとえびのオイスターソース炒め

1人分
306
kcal

材料(2人分)

えび…6尾

A
塩、こしょう…各少々
酒…大さじ½
かたくり粉…大さじ½

油…大さじ1⅓

とき卵…3個分

ごま油…小さじ1

トマトのくし形切り…1個分(約200g)

B
オイスターソース…大さじ1強
しょうゆ…小さじ2
酒…大さじ1

万能ねぎ…3本

作り方

1 えびは塩水で洗って殻をむいて背を切り開き、背わたをとって**A**をからめておく。

2 フライパンを中火で熱して油大さじ1をなじませ、卵を半熟状に炒め、いったんとり出す。

3 2のフライパンに残りの油とごま油をなじませ、えびを炒める。えびの色が変わったら**B**を加え、トマトも加えて手早く炒め合わせる。すぐに2を戻し入れ、1cm長さに切った万能ねぎを加えてひとまぜする。

※味をみて、トマトの酸味が強い場合は、砂糖をひとつまみ入れる。

完熟したトマト

酸味が強いトマトや追熟してやわらかくなったものはソースにするとおいしい。

夏から秋にかけて出荷されるトマトは、完熟していても酸味が強く、種が大きく、皮もかたいものがほとんど。しっかり煮詰めて、甘みの凝縮したソースにするのが一番。

トマトソース

1人分
290
kcal

材料(作りやすい分量)
トマト(完熟)…2〜3個(約500g)
にんにく…½かけ
玉ねぎ…¼個
塩、こしょう…各少々
砂糖…ひとつまみ
オリーブ油…大さじ1½

作り方
1 トマトは湯むきして横半分に切り、種を除いて2cm角のざく切りにする。
2 にんにくは包丁の腹を当てて押しつぶす。玉ねぎはみじん切りにする。
3 鍋にオリーブ油、にんにく、玉ねぎを入れて中火で炒める。香りが立ったら、1を加えてときどきまぜながら中火で煮る。
4 汁けがとんで、半量くらいまで煮詰めたら、塩、こしょうし、砂糖を加えてひと煮する。

★旬以外のときでも、窓辺で日に当てて、指で押したらつぶれるほどやわらかく熟したものを使うと、たいへんおいしい。
★よく冷まして清潔な密閉容器に入れて冷蔵保存し、5〜6日で使いきる。保存袋に入れて平らにし、冷凍すれば1カ月は保存できる。
★パスタソースをはじめ、肉や魚のソテーのソースや、トマト煮込みのベースなど、利用範囲が広い。薄い味つけなので、使うときは好みで味を調整する。

point

水分はいっさい加えず、トマトから出る水分を煮詰めていく。

煮詰まったら味をみて、砂糖ひとつまみを加えて酸味をやわらげる。

Part
1
トマト

PART **2**

PART **3**

PART **4**

PART **5**

なす

米なす

長なす

切ると空気にふれて色が悪くなるので
水に放してしばらくおく

栄養▶皮の色素は、ナスニンというポリフェノールの一種で、抗酸化作用がある。成分の90％以上が水分と糖質で、わずかにビタミン、ミネラルを含む。漢方では、体を冷やす働きがあるとされ、のぼせや暑気あたり、ほてりなどをしずめるのに効果がある。

旬・選び方▶6〜9月が旬。つややかな紫紺色で張りがあり、へたのとげにさわると痛いくらいなら新鮮。

保存▶すぐ使うなら常温で保存し、数日おくなら、乾燥しないようラップに1個ずつ包んで冷蔵庫の野菜室に保存する。

重さの目安▶1個で100ｇ

へたを切り落とす

へたのつけ根に薄くついているのががく。そのがくのつけ根部分に包丁を入れ、へたを切る。残っているがくはむく。

へたを残してがくをとる

がくのつけ根の周りにぐるりと切り目を入れる。包丁を持つ手の人さし指でなすを支え、左手でなすを回すとよい。

切り目に沿って、手でがくをむく。焼き物や煮物などにしてやわらかくなっても、へたを残しておくと、扱いやすい。

皮をむく

がくを切ったところから縦にピーラーで薄く皮をむく。皮のかたさや、調理法によって、全体の皮をむく場合と縞目にむく場合がある。

切り目を入れる

大きく切って使う場合は火の通りをよくし、味もしみやすいように、厚みに切り目を入れる。身の厚い部分に、厚みの⅓まで2〜3mm間隔で斜めに入れる。

先に入れた切り目と交差するように、左側から同様に切り目を入れると、格子状の切り目になり、見た目もよい。

輪切り

なすを横にしておき、へたを切ったところから、好みの厚さに垂直に切る。

皮に切り目を入れて焼くのがポイント

焼きなす

1人分 51 kcal

材料(2人分)

なす…4個
青じそ(せん切り)…4枚分
おろししょうが…1かけ分
A だし…大さじ 2
　しょうゆ…大さじ1強
　みりん…小さじ1

作り方

1 なすはがくを切りとり、表面に浅い切り目数本を縦に入れる。

2 グリルになすを並べ、途中返しながら、強火でこんがりと焼く。やけどに注意して、下の写真の要領で皮をむき、縦横2等分に切る。青じそ、しょうがを添え、Aを合わせてかける。

point

やけどに注意して、なすのへたを押さえ、切り目から竹ぐしをさし込んで端に向かって動かすと、皮が簡単にむける。

斜め輪切り

輪切りと同様に、へたを切ったところから、包丁を斜めに入れて、好みの厚さに切る。

乱切り

なすを手前に少し回しながら、大きさがそろうようにへたを切ったところから、斜めに包丁を入れて一口大に切る。

アクを抜く

なすは切ってから放置しておくとアクが出て変色するので、切ったそばから水につける。アクの強いものは塩少々を入れた水につける。

揚げる

火の通りの悪い皮側から油に入れ、やわらかくなったら返し、均一に火を通す。揚げるときは、塩水に放すなど、アクを抜く必要はない。

味がしみ込みやすいように乱切りにして
マーボーなす

材料（2人分）

**1人分
351
kcal**

なす…3個
豚ひき肉…150g
にんにく（みじん切り）…½かけ分
しょうが（みじん切り）…½かけ分
油…大さじ2

A
| 豆板醤…小さじ½
| しょうゆ…大さじ1強
| 砂糖…小さじ1
| スープ…150㎖

かたくり粉…小さじ1強
ごま油…小さじ1

作り方
1 なすは一口大の乱切りにする。
2 フライパンに油の半量を熱し、なすを強火
　でさっと炒めて一度とり出す。
3 フライパンに残りの油を入れてにんにく、
　しょうが、ひき肉を入れ、強火でよく炒める。
4 Aとなすを加え、7分ほど煮る。かたくり粉
　を同量の水でといて加えてとろみをつけ、
　仕上げにごま油を振る。

油で炒めてコクをアップ
なすの田舎煮

材料（2人分）

**1人分
139
kcal**

なす…4個
油…大さじ1
砂糖…大さじ1

A
| 水…400㎖
| 赤とうがらし…小1本
| 煮干し（小）…10g

しょうゆ…大さじ1½

作り方
1 なすはへたを残してがくを切りとり、縦半分
　に切る。皮側にこまかく切り目を入れ、斜め
　半分に切る。
2 鍋に油を熱し、なすを皮を下にして入れ、中
　火で炒める。途中で返して焼き色をつけ、
　砂糖を加えて炒める。Aを加えて落としぶた
　をし、3～4分煮る。しょうゆを加え、煮汁が⅓
　量程度になるまで弱めの中火で煮る。

使いきれない分は
塩もみまたは炒める

なすをおいしく保存するテクニックは塩もみと炒めること。それぞれの特徴をつかんで試してみましょう。

塩もみなす

作り方
1 長なす2本はへたを切り、薄い輪切りにしてボウルに入れる。
2 塩小さじ1を振り、なすが割れないように、手で大きくまぜて全体にまぶす。

保存 容器に移して冷蔵。1～2日で使いきる。

長なすなど皮のやわらかいなすで作る。余分な水分が抜け、ほどよい塩味がつくので、そのままあえ物にしたり、炒め物に使ったりできる。

炒めなす

作り方
1 なす5～6個はへたを切り、一口大の乱切りにする。
2 フライパンを熱して油大さじ3をなじませ、なすを入れて中火で4～5分炒める。全体がしんなりしたら、別の容器にとり出して冷ます。

保存 キッチンペーパーを敷いた保存容器に移して冷蔵。3～4日で使いきる。

鮮度が落ちる前に加熱しておく保存法。味つけをせずに炒めることで、和洋中に応用でき、マリネや炒め物、煮物にも使える。

塩もみ 活用レシピ

あえ物

1人分 **13** kcal

材料(2人分)
塩もみなす…1本分
貝割れ菜…¼パック
しょうがのせん切り
　…½かけ分

作り方
1 塩もみなすは軽く水けをしぼる。貝割れ菜は根元を切り落として2cm長さに切る。
2 なすと貝割れ菜、しょうがをあえて器に盛り、好みでしょうゆ少々を振る。

炒めなす 活用レシピ

マリネ

1人分 **196** kcal

材料(2人分)
ゆでだこ…70g
ミニトマト…3個
バジルの葉…4枚
A ┌ 酢…大さじ1
　│ 油…大さじ1
　│ 塩、砂糖…各少々
　│ しょうゆ
　└ 　…小さじ½
炒めなす…2個分

作り方
1 たこは薄切りにする。ミニトマトはへたを除いて縦に4等分する。バジルは小さくちぎる。
2 ボウルにAをまぜ合わせ、炒めなすと1を加えてあえる。

パプリカ

加熱して、独特の甘みを 引き出せば、極上の味わいに

栄養▶ビタミンC・E、β-カロテン、カリウムなどを豊富に含む。 特に赤とオレンジのものは含有量がとても多い。

旬・選び方▶本来は6〜9月が旬だが、ハウス栽培や輸入も行われているため、一年じゅう出回っている。肉厚で張りのあるものがよい。

保存▶ポリ袋に入れて冷蔵庫の野菜室で保存すれば1週間はもつ。使い残りは、水けをふいて種とわたを除き、ラップで包んで冷蔵室へ。

重さの目安▶1個で150g

One point lesson

色によって 栄養と味わいが違う

赤は、β-カロテンやビタミンCの含有量が多く、カプサイシンという、とうがらしと同じ抗酸化作用の強い成分を含む。甘みと酸味のバランスがよいとされている。
オレンジは、次に栄養成分が豊富。甘みが強いのが特徴。
黄色はやや苦みがあるが、老化防止に役立つルテインを多く含む。

白いわたをそぎとる

半分に切るか、へたの周囲を包丁の刃先で切り、へたとわた、種をとり出す。ただし、わたや種がピーマンより大きいので、手でむしりとるよりも包丁の先でそぐようにしたほうがきれいにとれる。

焼いて表皮をむく

 →  →

熱した焼き網にまるごとのせ、返しながら全体に焦げ目がつくまで強火で焼く。黒く焦げて、少し焼きすぎに思えるくらいのほうが甘みが引き出せる。

熱いうちにキッチンペーパーかアルミホイルで包み、蒸らしながらあら熱をとる。内側にたまった汁は、パプリカの甘みと香りがついているので、捨てずに調味に使う。

焦げた皮のはじけたところからつまんで、下に引くようにして皮をむく。

皮をむいたら
とろけるような食感に！

マリネ

1人分
125
kcal

材料（2人分）
パプリカ（赤・黄・オレンジ）…各1個
A｜塩、こしょう…各少々
　｜オリーブ油…大さじ1½〜2
黒オリーブ…4個

作り方
1 パプリカは左ページの要領で焼き、皮をむく。蒸らしたときの汁はとっておく。
2 へたと種をとり除き、縦に1〜2cm幅に切る。
3 ボウルにAと1の汁を合わせてまぜ、2を加えて味をからめる。器に盛り、オリーブを添え、あればイタリアンパセリを添える。

じっくり加熱して甘みと
香りをごはんに移す！

ピラフ

1人分
446
kcal

材料（2〜3人分）
パプリカ（赤）…大½個
ゆでだこ…120g
米…2カップ（360㎖）
オリーブ油…大さじ1
A｜スープ（p.14）…480㎖
　｜塩…小さじ1
こしょう…少々
パセリのみじん切り…少々

作り方
1 パプリカはへたと種を除いて5㎜角に切る。たこは一口大の薄切りにする。
2 米は洗ってざるに上げ、水けをきる。Aはあたためる。
3 フライパンを中火で熱してオリーブ油をなじませ、パプリカを炒める。油が回ったら米を加えて透き通るまで炒める。たことAを加えてふたをし、煮立ってきたら、ごく弱火にして12〜13分炊く。最後に10秒ほど強火にして火を止め、10分ほど蒸らす。
4 全体をさっくりとまぜ、こしょうを振り、器に盛ってパセリを散らす。

ピーマン

赤ピーマン

本来の香りを生かすため、加熱は短時間ですませる

栄養▶レモンに相当するほどのビタミンCを含み、加熱してもこわれにくいのが特徴。また、ビタミンCの働きを助けるビタミンPも含まれている。ほかにもビタミンE、カリウムなどが豊富。なお、赤ピーマンのほうがビタミンC・E、β-カロテンの含有量が多い。

旬・選び方▶最盛期は7〜8月だが、一年じゅう出回っている。肉厚で色が濃く、へたの切り口の新しいものが新鮮。

保存▶空気穴をあけたポリ袋などに入れ、冷蔵庫の野菜室で保存する。あまり低温だと、低温障害を起こす。

重さの目安▶1個で40g

細切り

縦切り
切り口を下にして縦におき、端から細く切る。チンジャオロースーなどの炒め物に向く切り方。

横切り
切り口を下にして横におき、へたがついていた肉厚の部分を少し切り落とし、端から細く切る。

右が縦の細切りで、繊維に沿っているのでシャキッと歯ごたえがある。左が横の細切りで、食感がやわらかい。

種をとる

へたがついたまま洗って、水けをふく。包丁で縦に半分に切る。

へた側を手前にしておき、種とつながっている部分に左右から包丁で切り込みを入れる。

わたの下部を指ではずし、種といっしょに一気にむしりとる。

おなじみチンジャオロースーを
もっと手軽に!

ピーマンと牛肉の
オイスターソース炒め

材料(2人分)

ピーマン…2個
パプリカ(赤・黄)…各½個
にんにく…½かけ
牛薄切り肉…150g
塩、こしょう…各少々
酒、かたくり粉…各適量
油…大さじ1½

A
| オイスターソース…大さじ1
| しょうゆ…大さじ½
| 酒…大さじ1
| 砂糖…ひとつまみ
| スープ…50㎖

1人分
334
kcal

Part
1
ピーマン

PART
2

PART
3

PART
4

PART
5

point

かたくり粉を肉にもみ込
むようにまぶしつける。

合わせ調味料(A)はあら
かじめまぜ合わせておく。
調味料を一気に回し入れ
て、炒め合わせる。

作り方

1 ピーマン、パプリカは縦半分に
切り、へたと種をとって縦に1㎝
幅に切る。にんにくは半分に切
る。

2 牛肉は3㎝幅に切り、塩とこし
ょう、酒を振り、かたくり粉をま
ぶす。

3 フライパンに油とにんにくを入
れて弱火にかけ、香りが立った
ら牛肉を加えて炒める。肉の色
が変わったら、ピーマンとパプ
リカを入れる。全体に油が回っ
たらAを加え、炒め合わせる。

へたをくりぬく

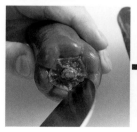

へたの周りに包丁の先で
切り込みを入れる。力を入
れすぎると余分なところが
切れてしまうので、小刻み
に刃を動かすこと。

へたを指で引き出すと、種
もついてくる。中に種が残
るようなら指を入れてきれ
いにする。中に具を詰める
料理に向く。

輪切りにするときは、へた
をくりぬいてから、ピーマ
ンをつぶさないように左手
で軽く押さえて、端から好
みの幅に切る。

オクラ

下ごしらえをして口当たりをよくするのが肝心

栄養▶β-カロテンをはじめ、ビタミン類、カルシウム、カリウムなどを豊富に含む緑黄色野菜。ゆでると増す特有の粘り成分・ムチンは、たんぱく質の吸収を助ける働きがある。整腸作用のある食物繊維・ペクチンも豊富。

旬・選び方▶ほぼ一年じゅうあるが、旬は真夏。緑色が濃く、うぶ毛がしっかりと生えていて、張りのあるものが新鮮。

保存▶鮮度が落ちやすいので早く使いきること。使い残りはラップで包んで冷蔵庫の野菜室に。

重さの目安▶1本で10g

へたの先を切る

ゆでるときにへた全体を切り落とすと、水っぽくなるので、へたの先端だけを少し切り落とす。

がくを削りとる

がくの周囲のかたい部分をぐるりと削ると、口当たりがよくなる。包丁の刃元に近いほうを使うと削りやすい。

うぶ毛をとる

口当たりが悪いので、2〜3本ずつ持って塩をまぶし、指でこするようにして表面のうぶ毛をとる。

ゆでる

塩のついたまま、沸騰した湯に入れ、上下を返してさっと火を通す。緑色があざやかになったら、手早く水にとって冷ます。

特有の粘りを生かして
あえ物

**1人分
43
kcal**

材料(2人分)
オクラ…8本
モロヘイヤ…80g
A | しょうゆ…大さじ1
　 | 酢…大さじ1
　 | みりん…小さじ1
おろししょうが
　…½かけ分

作り方
1 オクラはゆでる準備をし、たっぷりの湯で1〜2分ゆでる。冷水にとって冷まし、水けをきって小口切りにする。
2 モロヘイヤは葉をつみ、湯に入れて2〜3分ゆで、冷水にとって冷ます。水けをしぼり、包丁でたたくようにしてあらく刻む。
3 ボウルに1、2を入れてAを加えてまぜる。器に盛り、しょうがをのせる。

さやいんげん

ビタミンだけでなく、必須アミノ酸も含む点に注目！

栄養▶β-カロテンをはじめ、ビタミンB群・C、食物繊維などが豊富。また、含まれるたんぱく質には、必須アミノ酸が多く含まれている。

旬・選び方▶年間を通して出回っているが、旬は初夏。年に3回収穫できることから三度豆とも呼ばれる。緑色があざやかで、ピンと張ったものが新鮮。

保存▶購入後時間がたつと、見た目の変化はなくても、香りや甘みが失われていくので、できるだけ早く使いきる。使い残したときは、軽く湿らせたキッチンペーパーを敷いた密閉容器に入れ、冷蔵保存する。ほかのさや豆類も同様の条件で保存できる。

重さの目安▶1本で10g

へたを切る

さやの向きと長さをそろえて並べ、へたを切り落とす。最近のさやいんげんは品種改良が進み、筋をとらなくてよい。

ゆでる

沸騰した湯に塩(湯600mℓに塩小さじ1が目安)を入れてゆで、しんなりとしてきたら1本とり出し、やけどに注意してつめを立て、ゆでかげんをみる。

ざるに上げて湯をきる。きれいな緑色を生かしたいときは、ゆで上がったら冷水にとって冷ます。冷めたらすぐにざるに上げて水けをきらないと、風味が落ちるので注意。煮物用の下ゆでなど、色よりも風味を生かしたいときは、ざるに広げて冷ます。

生から牛肉と煮て
うまみを吸わせる
さやいんげんと牛肉の煮物

1人分 201 kcal

材料(2人分)
さやいんげん…150g
牛切り落とし肉…100g

A	おろしにんにく…小さじ½
	しょうゆ…大さじ1⅓
	砂糖…大さじ1
	酒…大さじ1
	ごま油…大さじ½

作り方
1 いんげんはへたを除き、長さを半分に切る。
2 牛肉は大きければ一口大に切り、ボウルに入れてAを加え、手で軽くもみ込む。
3 鍋を中火で熱し、牛肉を炒める。肉の色が変わったらいんげんを加え、水200mℓを注ぐ。煮立ったらアクをとって弱めの中火にし、ときどきまぜながら、煮汁が⅓以下になるまで煮る。

Part
1
さやえんどう

PART
2

PART
3

PART
4

PART
5

さやえんどう
（絹さや）

調理する前に水に放すと、食感がよみがえる

栄養▶たんぱく質、ビタミンC、食物繊維が豊富。β-カロテンの含有量も多く、緑黄色野菜とされている。豆の部分にはビタミンB群が含まれている。

旬・選び方▶一年じゅう出回るが、旬は初夏。へたを含め、全体があざやかな緑色で張りのあるものを選ぶ。先端についている白いひげがピンとしているものは新鮮。豆の形が見えないくらい平らなものが良品。

保存▶乾燥に弱いので、ポリ袋に入れて冷蔵保存する。使い残したときは、湿らせたキッチンペーパーを敷いた密閉容器に入れて冷蔵庫の野菜室へ。長く保存したいときは、かためにゆでて水けをきって冷まし、冷凍用保存袋に入れて冷凍する。炒め物や汁の実なら、凍ったまま使える。

重さの目安▶1枚で2g

へたと筋をとる〈絹さや〉

へたを身の厚いほうに向けて少し折り、そのまま引っぱって筋をとり除く。先端の白いひげはとり除いてもよいが、新鮮なものは、残して調理すると見た目がよい。

水に放す〈絹さや〉

調理する前に水に放し、4〜5分おいて水分を吸わせてパリッとさせる。こうしてから使うと、特有の食感がよみがえり、風味よく仕上がる。下ゆでせずに加熱するときは、これでさやえんどうの香りも残る。

ゆでる

塩少々を加えた熱湯に入れ、浮き上がってきて、さえた緑色になったら、網じゃくしで一気にすくいとり、水にとって冷ます。

水に放してからじか煮する
絹さやの卵とじ

1人分
108
kcal

材料(2人分)
絹さや…80g
とき卵…2個分
A
だし…200㎖
しょうゆ…小さじ2
みりん…大さじ½
塩…少々

作り方
1 絹さやは筋をとり、水に5分つけ、水けをきる。
2 鍋にAを合わせて中火にかけ、煮立ったら絹さやを入れる。2〜3分煮てややしんなりしたら、とき卵を糸状に回し入れ、すぐに火を止める。

そら豆

鮮度が落ちやすいのでさやつきの ものを選び、すぐに使いきる

栄養▶糖質、たんぱく質、ビタミンB群・Cをはじめ、カリウム、カルシウム、食物繊維などがバランスよく含まれている。

旬・選び方▶5～6月が旬。さやがきれいな緑色をしていて、豆の形がそろっているものが良品。

保存▶鮮度の落ち方が早いので、すぐに使いきりたい。保存するときは、ポリ袋に入れて冷蔵庫の野菜室に入れ、1～2日で使いきる。長く保存したいときは、その日のうちにゆでて冷蔵保存するとよい。

重さの目安▶1粒で5～6g

Part 1 そら豆

PART 2

PART 3

PART 4

PART 5

さやから出す

さやの先端を少しちぎりとり、そこから親指を入れて、筋に沿って開き、豆をとり出す。

さやごと加熱して
うまみを逃がさない

1人分
55
kcal

さやつきそら豆のグリル

材料(2人分)
さやつきのそら豆…大5～6本
塩、こしょう…各少々
オリーブ油…大さじ½

作り方
1 焼き網を熱してそら豆を並べ、強めの中火で3～4分焼く。裏返し、さらに3～4分焼く。
2 やけどに注意して、さやのふくらんでいる部分をつめで押してみて、豆がやわらかくなっていれば焼き上がり。さやの片面をとりはずして器に盛り、塩、こしょう、オリーブ油を振る。

ゆでる

包丁で薄皮に小さな切り目をつけ、火の通りをよくする。

たっぷりの湯を沸かし、塩(湯600㎖に塩小さじ1が目安)を加え、そら豆を入れてゆでる。

2～3分ゆでて、豆が浮いてきて皮もふくらんだら、さらに1～2分ゆで、1粒とり出して水につける。つめを立ててやわらかければゆで上がっている。ゆで時間の目安は全部で3～5分。

ざるに上げて湯をきり、広げて薄く塩を振る。これで、水っぽさがとれる。

Part
1
カリフラワー

PART
2

PART
3

PART
4

PART
5

カリフラワー

冬野菜としてはビタミンCの含有量がとても多い野菜

栄養▶ビタミンC、食物繊維が豊富。ビタミンCは、加熱による損失が少ないのが特徴。カリウムや鉄、ビタミンB₁・B₂も含まれている。

旬・選び方▶秋から冬が旬。かたく締まっていて、丸みを帯びているものを選ぶ。変色しているものは鮮度が落ちる。

保存▶温度が高いとすぐに花が開いてくるので、ポリ袋に入れて冷蔵庫の野菜室で保存し、3〜4日で食べきる。

重さの目安▶1房で10g

小房に分ける

葉のつけ根に包丁の先を入れて切り落とし、かたい太い茎も切り落とす。

扱いやすい大きさに切り分け、茎のほうから包丁を入れて、外側から順に小房に切り分けていく。

すぐに水に放して2〜3分おき、流水で1房ずつ洗う。水につけておくと、汚れが落ちやすく、小さい虫などが浮いてくることも。

白さを生かしてゆでる

たっぷりの熱湯にカリフラワーとレモンの薄切り2〜3切れを入れ、3〜4分ゆでる。竹ぐしを茎に刺して、スッと通ればOK。房の大きさがそろっていないときは、大きいものから鍋に入れる。

ゆで上がったら、ざるに上げて湯をきり、レモンをとり除く。水にとるとつぼみの内側まで水が入り、水っぽくなるので注意。

One point lesson

最近の研究で、生活習慣病を防ぐ成分が発見されています

強い抗酸化作用を持ち、動脈硬化や、血栓ができて血管を詰まらせるのを防ぐメチルアリルトリスルフィドという物質が含まれている。また、コレステロールが吸収されるのを防ぐフィトステロール、辛み成分であるアリルイソチオシアネートなども含まれており、同様の働きが期待できる。

コクのある炒め物に活用

カリフラワーのガーリックパン粉炒め

1人分
236
kcal

材料(2人分)
ゆでたカリフラワー…½個分(約150g)
にんにくのみじん切り…1かけ分
オリーブ油…大さじ2½
塩、こしょう…各少々
パン粉…1カップ
パセリのみじん切り…適量

作り方
1 フライパンを中火で熱してオリーブ油大さじ
　½をなじませ、カリフラワーを炒める。油が
　回ったら、塩、こしょうを振り、一度とり出す。
2 1のフライパンを再び中火で熱し、残りのオ
　リーブ油をなじませて弱火にし、にんにくを
　入れて炒める。香りが立ったらパン粉を加え
　て、少し色づくまで4〜5分炒める。パセリ
　を加え、1のカリフラワーを戻し入れ、全体に
　まぜ合わせる。

Part
1 カリフラワー

PART
2

PART
3

PART
4

PART
5

Part
1 ブロッコリー

PART
2

PART
3

PART
4

PART
5

ブロッコリー

栄養たっぷりのスーパー野菜。油で調理して吸収率のアップを

栄養▶ビタミンC、β-カロテン、食物繊維が豊富。ビタミンCは加熱でこわれにくく、レモン（果汁）の2倍以上も含まれている。また、カリウム、カルシウムなど、ミネラル類も多い。

旬・選び方▶国産は11月から初春の3月までが旬。かたく締まっていて、緑色が濃いものを選ぶ。

保存▶あまり日もちはしないので、早めに食べきる。使い残したら、きっちりとラップで包み、冷蔵庫の野菜室に入れ、翌日には使いきる。長く保存したいときは、ゆでてから保存容器に入れて冷蔵室へ。

重さの目安▶1房で10g

小房に分ける

全体をさっと流水で洗い、水けをきってから花蕾（からい）のつけ根に包丁を入れて茎を切り離す。

花蕾の茎のつけ根に包丁を入れ、ひとかたまり（小房）ずつに切り分けていく。中央部など大きなかたまりは2つか3つに切り分けるとよい。

切ったそばから水につけて5〜6分おく。中に入った小さい虫やゴミなどが浮き上がることもある。

茎もムダなく食べる

太い茎の表面のかたい部分を3〜4mm厚さで切り落とすと、やわらかくて味のよい部分が残る。四角くなるように切り落とすと扱いやすくなる。

好みの長さに切って、縦に薄切りにする。また、横に厚めに切ってもよいし、好みで拍子木切りにしてもよい。炒め物やゆでてサラダなどに加えて食べきりたい部分。

ゆでる

たっぷりの熱湯に塩（湯600mℓに塩小さじ1が目安）を加え、ブロッコリーを入れて2〜3分ゆでる。軸の中央に竹ぐしを刺してスッと通るようならゆで上がっている。

手早くざるに上げ、蒸れないように広げて冷ます。水にとると、水っぽくなるので注意。

Part
1
ブロッコリー

PART
2

PART
3

PART
4

PART
5

少量の油と水で炒め蒸しなら簡単
ブロッコリーとえびの塩炒め

1人分
168
kcal

材料(2人分)
ブロッコリー…150g
えび…120g

A 塩、こしょう…各少々
酒…小さじ2

かたくり粉…大さじ1
きくらげ…2g
油…適量
しょうがのせん切り…3g

B スープ…130〜140㎖
塩…小さじ½
砂糖…小さじ½
こしょう…少々

ごま油…小さじ1

作り方
1 ブロッコリーは小房に分ける。
2 えびは塩水で洗い、背わたをとって
尾と1節を残して殻をむく。**A**をまぶ
して、かたくり粉大さじ½をからめる。
きくらげは水につけてもどし、石づきを
とる。
3 フライパンを中火で熱して油小さじ
1をなじませ、ブロッコリーを入れて
炒める。油が回ったら水100㎖を加
えてふたをし、1〜2分蒸し、ざるに上

げて水けをきる。
4 3のフライパンを中火で熱して油大
さじ½をなじませ、2としょうがを入れ
て炒め合わせる。
5 えびの色が変わったら**B**を加える。
煮立ったら3を戻し入れてざっと炒め
合わせる。かたくり粉大さじ½を水大
さじ1でといて加え、とろみをつけ、
ごま油を振る。

One point lesson

ゆでずに炒め蒸しにすれば、
歯ごたえと彩りがよい

ブロッコリーは下ゆでしてから炒める
のが原則だが、やわらかくなりすぎた
り、表面が焦げたりすることも多い。こ
れを防ぐには、生から油で炒め、水を加
えて炒め蒸しにするとよい。風味が凝
縮され、食感も楽しめる。

生のブロッコリーを
フライパンに入れ、
油が全体にからむ
程度に炒める。

水を回し入れ、ふた
をして蒸す。ふたにつ
いた水滴が落ちるよう
になればOK。

大根

部位による違いを知って使い分けて

栄養▶ビタミンCが多く、でんぷんを分解する消化酵素のジアスターゼや、胃液の分泌を促す辛み成分アリルイソチオシアネートなどが含まれている。加熱すると失われてしまうので、これらを積極的にとりたければ、生食がおすすめ。葉は、ビタミンC、β-カロテン、カルシウム、鉄などが豊富なので、捨てずに使いたい。

旬・選び方▶秋～冬が旬で、水分が多く、甘みも強い。葉が切ってある場合は切り口の新しいものを選ぶ。

保存▶葉をつけたまま保存すると、葉に水分が蒸発するので、風味が落ちやすい。手に入れたら、すぐに茎を根元から切り落とし、根はラップで包み、冷蔵庫の野菜室へ。葉は刻んで水にさらすか、ゆでて、冷蔵保存する。

重さの目安▶2.5cm厚さで100g

汁の実に

サラダや酢の物に

加熱料理に

味の濃い
料理に

部位による違い

大根は、使う部位によって甘みや辛みの程度が異なる。その特徴によって使い分けると、ほんとうのおいしさを味わえる。ただし、おろし大根の甘い、辛いは、好みで部位を使い分ければよい。

葉と茎を切り落とす

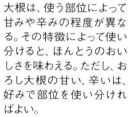

葉をつけたままおくと、乾燥してすが入るので、すぐに根の上部から切り落とし、根はラップで包んで冷蔵保存する。

煮物に使うときは皮を厚くむく

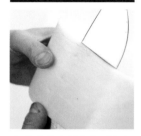

ふろふき大根やおでんなど、大きめに切って煮物にするときは、皮の内側にある筋までとり除くように皮を厚くむく。これで、火が通りやすくなり、味もしみ込みやすくなる。

 葉 最も栄養が多い部分。枯れた葉を除き、刻んで水につける、またはゆでてアクを抜き、炒め物や汁の実、まぜごはんなどに利用する。

 上部 甘みがあり、サラダや酢の物、おろし大根など、生食に向く。

 中部 少しかためなので、加熱料理に向く。おでんやふろふき大根などじっくり煮込んで風味を引き出す料理に。

 下部 辛みがあるので、炒め物やみそ漬けなど、味の濃い料理に向く。先端は、刻んで汁の実に。辛いおろし大根にしたければ、ここを使うとよい。

葉と茎の保存法

塩もみ

根元の汚れを洗い流し、葉と茎の向きをそろえて端からこまかく刻む。

ボウルに入れて塩を軽く振り、しんなりするまで手でもみ、水けをしぼる。炒め物の彩りや、菜めしに活用する。

塩ゆで

きれいな葉と茎を選んで束ねて持ち、塩少々を加えた湯に入れ、色あざやかになったら水にとり、冷ます。

水けをしぼり、食べやすい長さに切って密閉容器に入れ、冷蔵保存する。料理の彩り、炒め物、汁の実などに使う。

輪切り

包丁の中央部分を大根に当てて垂直におろして切る。包丁の先で切ると力が不安定で垂直に切れない。サラダや即席漬けなど生食には薄く、おでんや煮物には厚く切る。

乱切り

10cm長さに切って、縦に4〜6等分する。斜めに包丁を入れ、手前に回しながら一口大に切る。

半月切り

 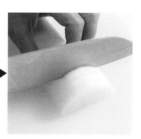

必要な長さに切り、縦に半分に切る。

切り口を下にしておき、端から好みの厚さに切る。

いちょう切り

必要な長さに切って縦に半分に切り、さらに縦に半分に切る。そのまま端から好みの厚さに切る。

拍子木切り

 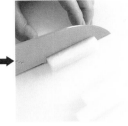

4～5cm長さに切り、切り口を下にして立て、端から1cm厚さに切る。

切ったものをねかせて、厚みと同じ幅に切る。切ったものが拍子木の形に似ているところからこの名がついた。

角切り

拍子木切りにした大根を4～5本ずつそろえて横に並べ、ほぼ正方形になるように、厚みと同じ幅に端から切る。

短冊切り

拍子木切りと同様に縦に1cm厚さに切り、ねかせて端から薄く切る。

せん切り

5cm長さに切ってさらに縦に薄く切る。これをねかせて数枚ずつ少しずらして重ね、端からごく細く切る。

水に放す

せん切りにした大根を、サラダや刺し身のつまにするときは、水に放して水分を吸わせ、シャキッとさせてから、水けをきって使う。

面取り

じっくり煮込む料理を形よく仕上げたいときは、切り口の角を薄くそぎとり、ここから煮くずれするのを防ぐ。これを面取りという。

大根の中央部は
時間をかけてじっくり煮る

大根とスペアリブの煮物

材料（2人分）

大根…300g
スペアリブのぶつ切り…250g
しょうがの薄切り…5〜6枚
酒…大さじ2
A｜しょうゆ…大さじ1½
　｜砂糖…小さじ2

1人分 373 kcal

作り方

1 大根は皮をむいて大きめの乱切りにする。
2 鍋に湯を沸かしてスペアリブを入れ、表面の色が変わったら水にとって脂を洗い流す。
3 2の鍋を洗い、大根、スペアリブ、しょうが、酒、水500mlを入れて中火にかける。煮立ったらアクをとり、弱火にして17〜18分煮る。**A**を加え、煮汁がほとんどなくなるまでさらに煮込む。

辛みの強い下部にぴったりの調理法

大根と豚肉の
コチュジャン炒め

材料（2人分）

大根…250g
にら…½束
豚こまぎれ肉…150g
A｜おろしにんにく…½かけ分
　｜コチュジャン…大さじ1
　｜しょうゆ…大さじ1
　｜酒…大さじ½
　｜砂糖…大さじ⅓〜½
　｜ごま油…小さじ1
ごま油…大さじ½

1人分 304 kcal

作り方

1 大根は皮をむき、4〜5cm長さの拍子木切りにする。にらは3cm長さに切る。
2 豚肉は大きければ一口大に切り、**A**をもみ込む。
3 フライパンを中火で熱してごま油をなじませ、大根を3〜4分炒める。少し焼き色がついたら、豚肉を広げてのせ、ふたをして弱火で4〜5分蒸らす。
4 肉に火が通ったらふたをとり、にらを加えて炒め合わせる。

かぶ

生なら辛み、加熱なら甘みが味わえる。捨てずに葉も活用

栄養▶白い根の部分には、ビタミンC、カリウム、デンプン消化酵素・アミラーゼなどが含まれている。葉は栄養価が高く、β-カロテン、ビタミンB₁・B₂・C、カルシウムなどが豊富。

旬・選び方▶10～12月が旬。ひび割れがなく、真っ白で、葉の緑が濃いものがよい。

保存▶買ってきたらすぐに葉を切り落とし、白い根の部分は新聞紙で包んで日の当たらない涼しい場所で保存する。夏は冷蔵庫の野菜室へ。葉は、ポリ袋に入れて冷蔵し、早めに使いきる。

重さの目安▶1個(葉と茎を除く)で100g

葉と茎を切る

漬け物などにする場合は、茎のつけ根から切る。

煮物などの場合は、茎を3～4cm残して葉を切ると見ばえがよい。

茎と葉はゆでて保存

茎のつけ根を少し切り、10分ほど水につけてシャキッとさせる。たっぷりの湯に茎の太いほうから入れ、ひと呼吸おいて葉も沈め、1～2分ゆでる。冷水にとって冷まし、水けをしぼり、使いみちに合わせた長さに切る。保存は冷蔵室で。

皮をむく

まるのままむく
かぶを回しながら、下部から茎のところまで皮をむく。薄切りにするときはこのむき方で。

面をつけてむく
茎のつけ根に向かって、幅が均等になるように皮をむく。1つの面をむいたら真後ろになる面をむくようにして、1個を6～8回でむくときれい。煮物などに。

茎のつけ根の下ごしらえ

茎を残して使う場合
茎の間に泥が入り込んでいるので、水の中で、竹ぐしでかき出すようにしてよく洗う。

茎を切り落とす場合
茎はつけ根のきわで落とすのではなく、少し皮をつけてそぐように切りとらないと、青く残ってしまう。

手間をかけるだけの味わいがある
菊花かぶ

1人分
33
kcal

材料(2人分)
かぶ…4個
塩…少々
A ┌ だし…50㎖
　│ 砂糖…大さじ3
　│ 酢…100㎖
　└ 塩…少々
B ┌ 昆布…5㎝
　│ 赤とうがらし
　└ (小口切り)…1本分

作り方
1 かぶは茎をつけ根から切り、上下を少し切り落とし、皮をむく。かぶの上から⅔の深さまで、1㎜幅の格子状の切り込みを入れ、全体に塩をまぶして20～30分おく。
2 かぶがしんなりとしたら、洗って水けをしぼり、切り込みを入れていないほうから4等分する。
3 Aをよくまぜ、砂糖がとけたらBを加え、2を漬けて10分ほどおく。

輪切り

茎を左にしておき、転がらないように手でしっかりと支えて、好みの厚さに切る。

くし形切り

縦に半分に切り、切り口を下にして縦に半分に切る。これで四つ割り。この1切れをさらに縦に半分に切ると八つ割りで、くし形切りになる。

point

かぶをはさむように割り箸をおいて切り込みを入れると切り離す失敗がない。

全体が均一にしんなりするように裏面にも塩をつける。

裏面に十文字の切り込みを入れ、ここから手で裂くと形よく4等分できる。

Part
1
にんじん

PART
2

PART
3

PART
4

PART
5

にんじん

豊富なβ-カロテンを効率よく 吸収するため、油を使って調理

栄養▶β-カロテンが多く、生で食べるよりも油と調理することで、吸収率が何倍にもなる。葉にはカリウム、カルシウム、ビタミンCも多く含まれている。生に含まれる酵素・アスコルビナーゼはビタミンCを破壊するが、酢やレモン汁を加えるとその働きは抑えられる。

旬・選び方▶一年じゅうあるが、秋から冬が旬。表面がなめらかで張りがあり、全体的に赤みが強く、葉を落とした切り口が小さいものを選ぶ。

保存▶一般に、つやのよいにんじんは、収穫後洗われて皮が薄くむけていることが多いので、ポリ袋に入れて冷蔵庫の野菜室に立てて保存する。

重さの目安▶1本200ｇ

半月切り

縦に半分に切り、切り口を下にして端から好みの厚さに切る。

いちょう切り

縦に半分に切り、さらに半分に切ってから、半月切りのときのようにおいて、端から好みの厚さに切る。

乱切り

端から斜めに包丁を入れて一口大に切り、その切り口が真上を向くように手前に少し回転させ、断面に斜めに包丁を入れて切る。これをくり返す。

拍子木切り

4～5㎝長さに切ってから、立てておき、側面を少し切り落とし、断面が四角になるようにすると切りやすい。横にねかせて繊維に沿って1～1.5㎝厚さに切る。

広い面が上下にくるようにおき、縦に1～1.5㎝幅に切る。

短冊切りは拍子木切りと同じ要領で縦に1㎝厚さに切り、ねかせて端から薄く切る。

角切り

拍子木切りにしたものを4〜5本横に並べ、端から1〜1.5cm幅に切ると、さいころ形になる。

せん切り

歯ごたえのあるせん切りに

縦薄切りから
4〜5cm長さに切って縦薄切りにし、数枚を少しずらして重ね、端から細く切る。

やわらかい食感のせん切りに

斜め薄切りから
4〜5cm長さの斜め薄切りにし、少しずらして重ね、端から細く切る。

みじん切り

にんじんを細いせん切りにし、扱いやすい量をとって、端からこまかく刻む。

簡単にできる細切り

にんじんは1cm間隔で縦に切り目を入れ、ピーラーで薄く削ると、簡単に長い細切りになる。

チーズおろしでせん切りにする!

はちみつドレッシングサラダ

1人分
51
kcal

point

チーズおろしを使っておろすと、断面がでこぼこになって、ドレッシングがからみやすくなる。にんじんを斜めに当てて繊維を断つようにおろすのがポイント。

材料(2〜3人分)
にんじん…小1本(約150g)
塩…少々
A | 酢…大さじ1
   | はちみつ…小さじ2〜3
   | 油…大さじ1.5

作り方
1 にんじんは皮をむき、チーズおろしなど目のあらいおろし器でおろして、せん切りのようにする。塩を振ってまぜ、10分ほどおいてさっと洗い、水けをしぼる。
2 ボウルにAを合わせてよくまぜ、1を加えてあえる。そのまま30分ほどおいて味をなじませる。

れんこん

シャキッとした歯ざわりを
生かした料理で楽しむ

栄養▶ビタミンCが豊富。でんぷん質がビタミンCを熱から守るため、加熱しても損失が少ない。また、たんぱく質や脂肪の消化を促す粘り成分のムチンや食物繊維、カルシウム、鉄、ビタミンB₁・B₂なども含む。

旬・選び方▶新れんこんは秋口から出回るが、旬は冬。肉厚で穴が小さく、つやのあるものを選ぶ。穴がアクで黒くなっているものは古い。

保存▶まるごとのれんこんは、新聞紙で包んでポリ袋に入れる。切ったら、空気にふれて乾燥、変色しないように、ラップでぴったりと包んで冷蔵庫の野菜室に入れ、早めに使いきる。

重さの目安▶1/2節で100g

皮をむく

両端を少し切り落とし、縦に薄く皮をむく。包丁でもよいが、ピーラーを使うと簡単。

表面のくぼんだ部分は、その部分だけ包丁で、ていねいに削りとる。

輪切り

かたいので片手でしっかり押さえ、端から好みの厚さに切る。薄く切ってきんぴらにしたり、厚く切って煮物などにしたり。

半月切り

縦に半分に切り、端から好みの厚さに切る。特に太いれんこんの場合には、輪切りでは食べにくいもの。その場合は半月切りに。

乱切り

縦二つ～四つに切って、端から一口大に斜めに切る。その切り口が上に見える位置まで手前に回し、斜めに包丁を入れて一口大に切る。これをくり返す。煮物に向く。

酢水につける

切ったら、すぐに水に放して、10分ほどさらす。酢れんこんやあえ物など、白く仕上げたいときは水に酢（水600mℓに酢大さじ1が目安）を加える。

歯ごたえを楽しみたい！

酢れんこん

1人分 266 kcal

材料（作りやすい分量）
れんこん…300g
赤とうがらしの小口切り…1本分
昆布（細切り）…5cm分
A｜だし…100㎖
　｜酢…100㎖
　｜塩…小さじ1
　｜砂糖…大さじ3
酢…適量

作り方
1 れんこんは皮をむいて2〜3mm厚さの半月切りにし、酢少々を加えた水に10分ほどさらす。
2 ボウルにAをまぜ合わせて砂糖をとかし、赤とうがらし、昆布を加える。
3 鍋に湯を沸かして酢少々を加え、れんこんを入れて4〜5分ゆでる。ざるに上げて水けをきり、熱いうちに2につけてしばらくおき、味をなじませる。

保存 容器に入れて冷蔵室へ。4〜5日で食べきる。

花れんこん

1 れんこんの断面を見て、穴と穴の間の側面に包丁の刃を右側から浅めに入れる。深く入り、穴が欠けることがあるので注意。

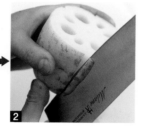

2 上下をかえて、切り込みの右側から斜めに切り込みを入れ、断面がV字形になるように切りとる。これをぐるりと1周行う。

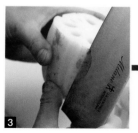

3 残った皮をむいてから輪切りにし、切り口が花の形に見えるように形をととのえる。丸みをつけるようにむくのがコツ。

4 同じ厚みで輪切りにし、切ったそばから酢水（水200㎖に対して酢小さじ1）に5〜10分さらし、アクを抜く。

5 かぶる程度の湯に酢小さじ1を落として、少し透き通るまでれんこんをゆでる。湯をきり、甘酢につければ、おせちを飾る花れんこんのでき上がり。

Part
1 たけのこ

PART
2

PART
3

PART
4

PART
5

たけのこ

掘りたてが手に入ったら
手間をかけて楽しみたい

栄養▶不溶性の食物繊維が多く、体内のナトリウムを排出する働きをもつカリウムなども含まれている。また、アミノ酸の一種、グルタミン酸やアスパラギン酸を含み、疲労回復に有効といわれている。

旬・選び方▶4〜5月が旬。ずんぐりと太く、ずっしりとしていて、皮に張りやつやのあるものを選ぶ。根元のブツブツが白っぽいものほど新鮮。

保存▶生のままの保存は×。掘ってから時間がたつと、アクが増してえぐみが出るので、すぐにゆでる。ゆでたら皮をむいてさらに10分ほどゆで、水にとって冷まし、水を張った保存容器に入れて冷蔵保存する。毎日水をかえれば5〜6日は保存できる。

重さの目安▶生1本で800g、水煮1本で200g

ゆでる

1 よく洗って泥を落とし、穂先を斜めに切り落とし、包丁の刃元で皮に縦に切り込みを入れる。

2 深鍋に水、米ぬか、赤とうがらし、たけのこを入れて中火にかける。たけのこ1kgに対してかぶるくらいの水、米ぬか½カップ、赤とうがらし2〜3本が目安。

3 煮立ったらふきこぼれない程度の火かげんにし、ときどきたけのこを入れかえる。途中、ゆで湯が少なくなったら水を足す。

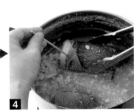

4 たけのこの根元に竹ぐしを刺し、スッと通るくらいやわらかくなったら火を止める。ゆで時間の目安は、たけのこ1kgで1時間程度だが、大きさや収穫時期によって変わる。

5 ゆで湯につけたまま、完全に冷ます。冷めていく間にもアクが抜けるので、必ず湯の中で冷ますこと。

6 水にとってぬかを洗い流し、切り込みから皮を両側に開くようにしてむく。先端についているやわらかい姫皮までむきすぎないように、薄茶色い皮が少し残っているくらいまでむく。

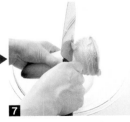

7 包丁の背で根元の部分を縦にこそげ、残った皮やいぼを除いて水洗いする。

8 縦半分に切って鍋に入れ、ひたひたの水を注いで火にかけ、10分ほどゆでてぬかくささをとる。保存するときは、水けをきって完全に冷まし、新しい水につけて冷蔵庫で保存する。

部位によって切り方を変えて

たけのこは、穂先、中央、根元の3つの部位で、繊維のかたさが違います。すべての部位をいっしょに使うときは、やわらかい部分は繊維に沿って厚めに、かたい部分は繊維を断ち切るようにやや薄切りにして。

姫皮はせん切りに

姫皮は縦にせん切りにし、シャキッとした歯ざわりを生かしてあえ物や吸い物などに使う。

穂先 やわらかいので縦に厚みのあるくし形切りにし、食感を楽しむ。

中央部 繊維に沿って縦に半分に切り、さらに縦に薄切りにし、ほどよい歯ざわりを楽しむ。

根元 縦に半分に切り、繊維を切るように食べやすい厚さに切る。大きい場合は、さらに2〜3等分し、一口大に切る。

春に一度は味わいたい定番ごはん
たけのこの炊き込みごはん

材料（2〜3人分）
米…360mℓ（2合）
ゆでたけのこ…80g
鶏胸肉…小½枚（80g）
油揚げ…½枚
A │ 薄口しょうゆ…大さじ2
  │ 酒…大さじ1
木の芽…適量

作り方
1 米は洗ってざるに上げ、水けをきって炊飯器に入れる。目盛りまで水を加え、大さじ3（調味料分）をとり除く。
2 たけのこは小さめの薄切りにする。鶏肉は2cm角に切る。油揚げは湯をかけて油抜きし、1cm角に切る。
3 ボウルに2を入れ、Aを加えてまぜ、5〜10分おく。
4 1に3を調味料ごと加えて軽くまぜ、普通に炊く。器に盛り、木の芽をあしらう。

1人分
432
kcal

point

具に調味料をまぜて下味をつけておく。

具を米に加え、炊き上がりの味ムラがないように全体をまぜる。

Part
1
ごぼう

PART
2

PART
3

PART
4

PART
5

ごぼう

食物繊維たっぷりの健康野菜。切り方を工夫して食べやすく

栄養▶水溶性と不溶性、2種類の食物繊維を多く含み、腸の働きを活発にして有害物質の排出を促すため、整腸作用があり、大腸がんの予防に役立つ。カリウム、マグネシウム、亜鉛などのミネラルも多い。

旬・選び方▶6〜7月に収穫されて新ごぼうが出回り、その後貯蔵されて一年じゅう出回るが、おいしいのは11〜1月。全体にまっすぐでひび割れのないものを選ぶ。ひげ根の多いものは避ける。

保存▶泥つきごぼうは乾燥しないように新聞紙に包んで、日の当たらない風通しのよい場所に保存する。洗いごぼうは乾燥しないようにラップで包んで、冷蔵庫の野菜室に保存する。

重さの目安▶1本で150g

皮をこそげる

たわしでこする
たわしでこすって表面の泥を落とす。風味が損なわれるので、皮は残す。水で洗い流しながらこすると、落としやすい。

包丁の背でこそげる
ざっと水洗いして、包丁の背で黒っぽく残った泥と皮を薄くこそげる。強くこそげて、皮を落とすと、風味が落ちる。

乱切り

端から、斜めに包丁を入れて一口大に切る。その切り口が上にくるように手前に回し、斜めに切る。これをくり返す。

斜め切り

端から斜めに切る。繊維を断つのでかためのごぼうも食感がやわらかくなる。用途に合わせて、煮物には少し厚め、汁物などには薄めに切る。

細切り

食べやすくなる

斜め薄切りから
斜め薄切りにし、少しずつ重ねて並べ、端から細く切る。繊維を短く切るので筋っぽいごぼうも食べやすくなる。きんぴらなどに向く。

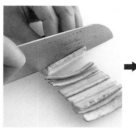

食感を楽しむ

縦薄切りから
4〜5cm長さに切って、縦に薄切りにする。細くて手で支えにくいので、初めに1枚切ったら、その切り口を下にして切っていくとよい。薄切りを数枚ずつ少しずらして重ね、端から細く切る。少し太めに切って食感を楽しむ料理に使う。

薄い輪切りにすれば
風味がごはんになじむ

ごぼうと牛肉の炊き込みごはん

材料(3人分)
米…360ml(300g)
ごぼう…小½本(約80g)
絹さや…20g
牛切り落とし肉…80g
塩…少々
だし(p.12)…200㎖
酒…大さじ1
A | しょうゆ…大さじ2
  | 砂糖…大さじ⅓

1人分
460
kcal

作り方
1 米は洗ってざるに上げ、水けをきる。
2 ごぼうは洗って薄い小口切りにする。水に5〜6分つけてアクを抜き、ざるに上げて水けをきる。絹さやは筋をとる。牛肉は1㎝幅に切る。
3 塩を加えた湯で絹さやをさっとゆでて水にとる。水けをきり、斜め1㎝幅に切る。
4 鍋に牛肉とだしを入れて中火にかけ、煮立ったらアクをとり、ごぼうと酒を加える。再び煮立ったら弱火にして7〜8分煮て、ごぼうがやわらかくなったらAを加えて2分ほど煮る。下にボウルを当てたざるに上げて具と煮汁に分ける。
5 炊飯器に米を入れて4の煮汁を注ぎ、目盛りに合わせて水を足し、スイッチを入れる。炊き上がったら、4と3を加えてさっくりとまぜる。

ささがき

縦に切り込みを数カ所入れる。深さは直径の⅓が目安。こうすると、大きさのそろったささがきにしやすい。

ごぼうの先をまないたにつけて、やや斜めに立てて持ち、少しずつ回しながら包丁の先のほうで薄く削る。

水にさらす

白く仕上げたい料理には

ごぼうはアクが強く、切り口が空気にふれると変色するので、どの切り方でも、切るそばからたっぷりの水に入れて5〜10分さらす。

酢を加えてゆでる
下ゆでする湯に酢を加えると、ゆで上がりが白くなる。たたきごぼうなど、白く仕上げたい料理の下ごしらえに。

ふき

独特のほろ苦さ、香り、食感、彩りを楽しみたい野菜

栄養▶90％が水分で、食物繊維とカリウムが豊富。

旬・選び方▶3〜5月が旬。葉が生き生きとしているものが新鮮。

保存▶生は適当な長さに切り、葉で茎をくるむようにしてラップで包んで野菜室で保存する。日ごとに風味が落ちるので、できればすぐに下ゆでをすませておきたい。

重さの目安▶5㎝で5g

ゆでる

ゆでる鍋の直径に合わせてふきの長さを切りそろえる。大きな鍋がない場合は、深めのフライパンでゆでてもよい。

まないたにふきを並べ、色よく仕上げるために塩適量を振り、手のひらで軽く押さえて転がす。

鍋にたっぷりの湯を沸かし、塩がついたままのふきを太いものから順に入れる（火が通る時間に差があるため）。

2〜3分ゆでたら、細いものを1本とり出し、やけどに注意して指で押し、ゆでかげんをみる。弾力があればよく、ゆで上がったものから水にとる。これを煮物やあえ物に使う。

皮をむく

切り口につめを立てるようにして引っぱると簡単に皮がむけるので、バナナの皮をむく要領で皮すべてを少しむきおろし、むいた皮をまとめて持ち、一気に引っぱってむく。

One point lesson

旬のふきは彩りと風味を生かす調理法で

旬のやわらかいふき→かために ゆで上げ、皮をむく。あえ物やサラダにすれば、美しい彩りと風味が味わえる。だしをきかせた和風のあえ物はもちろん、マヨネーズなどの洋風の味つけもよく合う。**根元が筋っぽくてかたそうなとき→**色は気にせず、しっかりとした味つけの煮物や炒め物が向く。油で軽く炒めたり、鶏肉や油揚げのような食材と合わせて、コクのある味わいにしても。

おひたしで色と風味を楽しむ
ふきのおひたし

材料(2人分)
ふき…150g

A
| だし…200mℓ
| 薄口しょうゆ…小さじ2
| 塩…少々
| みりん…小さじ1

削りがつお…2g

1人分
18
kcal

作り方
1 ふきはゆでて皮をむき、4〜5cm長さに切る。
2 Aを合わせて半量をバットに入れ、ふきをつける。10分以上おいて味をなじませ、汁けをきって器に盛る。残りのAをかけ、削りがつおを振る。

point

調味料を合わせたつけ汁にふきを入れ、味がしみ込むまでしばらくおく。

肉のうまみで食べごたえ十分
ふきと牛肉の煮物

材料(2人分)
ふき…200g
牛薄切り肉…150g
だし…500mℓ
酒…大さじ2
砂糖…大さじ1½
しょうゆ…大さじ1½

1人分
244
kcal

作り方
1 ふきはゆでて皮をむき、5cm長さに切る。
2 牛肉は一口大に切る。
3 鍋にだしと牛肉を入れて肉をほぐしながら中火で煮立て、アクをていねいにとる。ふきと酒を加えて12〜13分煮る。
4 砂糖としょうゆを加え、煮汁が⅓量以下になるまで中火で煮て火を止め、そのままおいて味を含ませる。

Part
1
セロリ

PART
2

PART
3

PART
4

PART
5

セロリ

サラダだけでなく、シチュー、スープなどの煮込み料理にも

栄養▶茎の部分には、食物繊維をはじめ、カリウムが豊富。ビタミン類、ミネラルも少量だが含まれている。葉には、β-カロテンやビタミンCが多く含まれている。香り成分・アピオールはイライラを抑えたり、食欲増進の効果があるといわれている。

旬・選び方▶本来の旬は晩秋から春にかけて。葉が生き生きとしてつやのあるものが新鮮。茎は太く、平らなものよりも、丸くつまっているものがよい。

保存▶冷蔵庫に入る長さに切って、ポリ袋に入れて野菜室に保存する。湿らせたキッチンペーパーを敷いた密閉容器に入れておくと、切り口や葉が乾燥せず、長めに保存できる。

重さの目安▶1本100g

葉と茎を分ける

茎を葉の部分のつけ根から折って葉と茎を分ける。

筋をとる

折ったところに筋の先端が見えるので、包丁で持ち上げるようにして、スーッと引っぱると、筋がとれる。

斜め切り

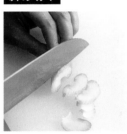

筋をとった面を上にして、細いほうから包丁を斜めに入れて、好みの厚さに切る。スープ、炒め物に。

短冊切り

4〜5cm長さに切り、薄く切りやすいように、それぞれをまず縦半分に切る。

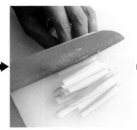

縦半分に切ったものを、端から縦に薄く切る。セロリの厚みがほどよい短冊切りの幅になる。

サラダに使う場合は、切ったら水につけてシャキッとさせ、水けをきってから使う。

葉も茎も使って栄養たっぷり！
セロリと豚肉の中華炒め

1人分
323
kcal

材料(2人分)
セロリ…150g
セロリの葉…適量
豚薄切り肉…150g
塩、こしょう…各少々
A | かたくり粉…小さじ2
　 | 酒…小さじ2
油…大さじ1½
B | 豆板醤…小さじ1
　 | しょうゆ…大さじ1
　 | 酒…大さじ1
　 | 砂糖…小さじ1

作り方
1 セロリは筋をとって、斜め5〜6mm厚さに切り、葉は細切りにする。
2 豚肉は2〜3cm幅に切り、塩、こしょうを振り、**A**をからめる。
3 フライパンを中火で熱して油をなじませ、豚肉をほぐしながら炒める。肉の色が変わったら、セロリの茎を加えて炒め合わせる。セロリが少し透き通ってきたら**B**を加えて手早くまぜ、最後にセロリの葉を加えてざっと炒め合わせる。

スティックに切る

10〜12cm長さに切りそろえ、縦に2〜3等分する。葉も同様に食べやすい幅に縦に切る。

せん切り

 →

まず4〜5cm長さに切り、それぞれを縦に半分に切り、さらに厚みに包丁を入れて2枚にそぐ。

2〜3枚ずつずらしながら重ね、端から細く切る。サラダなどに。

One point lesson

栄養たっぷりの葉も
ムダなく使いきる

セロリの葉は、煮込み料理の香味野菜としてよく使われるが、栄養価が高く、香りも豊かな部位なので、工夫をして使いきりたいもの。繊維を断つようにしてこまかく刻み、香りを生かすために短時間加熱で炒めると、量が多くてもおいしく食べられる。

Part
1
セロリ

PART
2

PART
3

PART
4

PART
5

グリーン アスパラガス

加熱してもみずみずしい風味が あるのが特徴

栄養▶β-カロテンをはじめ、ビタミンC、カリウムなどが豊富に含まれる。疲労回復に効果があるといわれる、アスパラギン酸も含まれている。ホワイトアスパラガスにくらべ、日光を浴びて育ったグリーンアスパラガスのほうが栄養価が高い。

旬・選び方▶4〜7月が旬。緑色が濃く、張りがあり、穂先がキュッと締まっているものがよい。太めのもののほうが甘みは強い。

保存▶鮮度が落ちるとかたくなるので、買ってきた当日に使いきりたい。使い残したときは、ぬらしたキッチンペーパーで根元を包んでポリ袋に入れ、立てて冷蔵庫の野菜室に入れる。

重さの目安▶太いもの1本で20〜30g

準備

根元から1〜2cm上までが筋ばってかたいので、切り落とす。または手で下部を持ってしならせると、ポキッと折れる。折れた部分は筋ばっている。

皮がかたいので、根元のほうをまないたにつけて斜めに立てて持ち、ピーラーで下側の⅓くらいまでをむくと、口当たりがよくなる。

はかまをとる

三角形をしたがくのようなもの（はかま）がついている。つけたままでもよいが、口当たりがよくないので、包丁の先でそぎとるとていねい。

長さと太さを切りそろえる

端をそろえて並べ、長さを半分または3等分くらいに切ると、食べやすい長さになる。

太さがふぞろいな場合は、火が均一に通るように、極端に太い部分を縦半分に切るとよい。

斜め切り

根元のほうから斜めに包丁を入れて、食べやすい大きさに切る。切り口の面積が広くなるので、火の通りが早く、炒め物などに向く。

生からじっくり焼いて甘みを引き出す

ホイル焼き

1人分
59
kcal

材料(2人分)
グリーンアスパラガス…5〜6本
塩、こしょう…各少々
バター…大さじ1
しょうゆ…小さじ1
レモン…¼個

作り方
1 アスパラガスは基本の下ごしらえをする。
2 アルミホイルを20cm四方に切り、2枚重ねて1を長いままのせる。塩、こしょうを振り、バターをのせてきっちりと包む。
3 グリルに入れ、中火で8〜9分焼く。やけどに注意しながら、ホイルの上から根元をさわって、やわらかければ焼き上がり。
4 とり出して器に盛る。ホイルに残った汁に、しょうゆを加えて味をととのえ、アスパラガスに回しかけ、レモンを添える。
※オーブントースターで焼く場合は、同様にして15〜18分焼く。

Part
1 グリーンアスパラガス

PART
2

PART
3

PART
4

PART
5

蒸しゆで

底面の広いフライパンに油少々をなじませ、切ったアスパラガスを入れて中火にかけ、水(アスパラガス5本につき、水大さじ3が目安)を振り入れてふたをする。

フライパンのふたの水滴が落ちるようになれば蒸しゆで完了。油で表面がおおわれて、うまみや香りが逃げず、特有の香りと食感を残すことができる。

ざるに上げて水けをきり、冷ます。水にとって冷ますと栄養がそこなわれ、水っぽくなるのですすめない。サラダやあえ物、炒め物やスープの下ゆでにも◎。

もやし

シャキッとした食感を残すため、火の通しかげんに注意する

大豆もやし

緑豆もやし

栄養▶ほとんどが水分で、エネルギーが低い野菜だが、ビタミン、ミネラル、食物繊維などがわりあいバランスよく含まれている。発芽することで、豆のときにはなかったビタミンCがふえている。

旬・選び方▶一年じゅう出回っている。白くて太いものが新鮮。

保存▶すぐに使わない場合は、袋のまま冷蔵庫の野菜室に入れる。1日おくだけでも、風味や栄養が失われるので早く使いきる。

重さの目安▶1袋で200〜300g

▌大豆もやし

準備

ボウルの中で2〜3回水をかえて洗い、浮かんだ豆殻は除き、水けをきって、ひげ根の部分だけをちぎる（豆の部分は味わう）。

ゆでる

鍋に大豆もやしを入れ、かぶるくらいまで水（大豆もやし200gに水300mℓが目安）を注いでふたをし、中火にかける。沸騰したら3〜4分ゆでて、豆にしっかり火を通す。

▌緑豆もやし

準備

たっぷりの水で洗い、できれば、ひげ根と頭の部分の豆殻をとると、口当たりがよくなる。

ゆでる

あえ物などに使うときは、さっとゆでてくさみをとる。鍋に湯を沸かし、白くゆで上げるために酢小さじ1を加える。もやしを入れてさっとまぜ、再び沸騰してからさらに1分ほどゆでる。

ざるに上げて湯をきり、菜箸で広げて冷ます。冷ますことで歯ざわりがよくなる。

ひげ根と豆殻をとると極上の味わいに
もやしの塩炒め

材料（2人分）
もやし…100g
にら…⅓束
サラダ油、ごま油…各大さじ1/2
酒…大さじ2
塩、こしょう…各少々

1人分
92
kcal

作り方
1 もやしはひげ根と豆殻をとって洗い、ざる
　に上げて水けをきる。
2 にらは4㎝長さに切る。
3 フライパンを中火で熱して油をなじませ、も
　やしを入れて手早く炒め、酒を振り、塩とこ
　しょうを振る。にらを加えてさっと炒め合わ
　せる。器に盛り、好みでしょうゆをかける。

豆までおいしく食べられる
大豆もやしの塩ナムル

材料（2人分）
大豆もやし…200g
　　塩、こしょう…各少々
A　おろしにんにく…1/2かけ分
　　ごま油…大さじ⅔
いり白ごま…小さじ2

1人分
94
kcal

作り方
1 大豆もやしをゆでる。
2 ボウルにもやしを移し、熱いうちにAを加え
　てよくあえ、ごまを振ってさっとまぜる。

One point lesson

大豆もやしは豆を味わう

大豆もやしの豊かな豆の風味を味わ
うには、豆に火が通るまでしっかり
加熱する。豆ナムルやからしあえなど
にすると、風味が引き立つ。また、ゆ
で汁は塩、こしょうで調味するだけ
で、さっぱりとしたスープになる。

Part
1
もやし

PART
2

PART
3

PART
4

PART
5

玉ねぎ

加熱で得られる特有のうまみを料理のベースに活用したい

栄養▶独特の香りと辛みの成分・硫化アリルは、ビタミンB$_1$の吸収をよくする。ビタミンB$_1$を多く含む豚肉と組み合わせると疲労回復効果が期待できる。さらに、血糖値を下げ、血液をサラサラにして動脈硬化を防ぐ成分も含んでいる。

旬・選び方▶春と秋が旬。春の新玉ねぎは、やわらかく辛みが少ない。全体に引き締まっているものがよい。芽が出ているものは避ける。

保存▶ネットに入れて風通しのよい場所につるすのが理想的。通常は、紙袋に入れて、湿気がこもらないように通気のよいバスケットなどに入れて冷暗所におく。使いきれなかったものは、ぴったりとラップで包み、冷蔵庫の野菜室に入れる。

重さの目安▶1個で200g

ペコロス

エシャロット

赤玉ねぎ

皮をむく

上下を切り落とし、縦に半分に切る。まるのまま使うときは、切り落としたところから皮をむく。

上部の切り口から皮の端をつまんで一気にむく。

根元をとる

根元の両側に斜めに切り込みを入れ、V字形にとり除く。できれば、この状態で数分水につけておくと、アクや刺激臭がとれ、刻むときに涙が出にくい。

薄切り

炒め物などに　　スープやソースに

縦に薄切り
切り口を下にして縦におき、繊維に沿って縦に切る。歯ざわりがよく、加熱してもくずれにくいので、スライスオニオンや炒め物などに向く。

横に薄切り
切り口を下にして横におき、繊維を断ち切るように横に切る。香りが出やすく、口当たりがやわらかいので、スープやソースなどに向く。

くし形切り

縦に半分に切った玉ねぎをそれぞれ縦に2〜4等分する。煮込みなどに使うときは、根元をとらずに切るとバラバラにならない。

みじん切り

縦に半分に切り、根元をつけたまま使う。切り口を下にしておき、根元を切り離さないように縦にこまかく切り込みを入れる。

包丁をねかせて水平に2～3カ所切り込みを入れる。このときも根元を残すこと。玉ねぎがずれやすいので、しっかりと押さえて。

端からこまかく刻む。切り込んだ部分がはみ出さないように、玉ねぎの両端をしっかり押さえて切るのがコツ。

最後に残る根元の周囲の部分は、新たにこまかく切り込みを入れ、ほかと同様にこまかく刻む。

水にさらす

みじん切りや薄切りにした玉ねぎをボウルに入れ、塩(玉ねぎ1個につき、塩小さじ1の割合)を振って手でもみ、しんなりとさせる。

流水でさっと洗い、水けをきる。残った水けをキッチンペーパーなどで押さえてとる。サラダなどに。

スライスオニオンの作り方

ごく薄く切る
縦に半分に切ったものをさらに横に半分に切り、端からごく薄く切る。

水にさらす
薄く切ったものを水にしばらくつけるとシャキッとすると同時に辛みも抜ける。水けをきり、削りがつおを振ってしょうゆをかけるとおいしい。好みで油少々を振る。

Part
1
玉ねぎ

PART
2

PART
3

PART
4

PART
5

シャキッと仕上げて

玉ねぎとかじきの
カレーピリ辛炒め

材料(2人分)

1人分
369
kcal

玉ねぎ…1個(約200g)
ピーマン…1個
かじき…2切れ(約300g)
塩、こしょう…各少々
小麦粉…適量
油…適量

A | カレー粉…小さじ1½
しょうゆ…大さじ1
トマトケチャップ…小さじ2

作り方

1 玉ねぎは縦に半分に切って1.5cm厚さのくし形に切り、ほぐす。ピーマンは縦に半分に切って種とわたをとり、斜めに1cm幅に切る。

2 かじきは一口大の棒状に切る。塩、こしょうを振り、小麦粉を薄くまぶす。

3 フライパンを中火で熱して油大さじ½をなじませ、かじきを入れて返しながら焼き、火が通ったら一度とり出す。

4 同じフライパンに油大さじ1をなじませ、玉ねぎを入れて炒め、表面が少し透き通ってきたら、水50ml、A、ピーマンを加えて炒め合わせる。全体がなじんだら、かじきを戻し入れ、ざっと炒め合わせる。

玉ねぎの甘みを100%生かすのが決め手

玉ねぎと鶏肉の煮物
カレー風味

材料(2人分)

1人分
351
kcal

鶏もも肉…大1枚(約200g)

A | カレー粉…小さじ1½
トマトケチャップ…大さじ1½
塩…少々

玉ねぎ…1個(250g)
にんじん…⅓本
油…大さじ1
にんにく…½かけ
赤とうがらし…小1本

B | ローリエ…½枚
水…300ml

作り方

1 鶏肉は大きめの一口大に切り、Aをまぶして下味をつける。

2 玉ねぎは六つに切る。にんじんは一口大の乱切りにする。

3 鍋に油を熱し、半分に切ったにんにく、赤とうがらしを炒め、1を調味料ごと加えて1分ほど炒める。2とBを加え、ふたをして中火で12〜13分煮る。最後にふたをとって水分をとばす。

新玉ねぎ

辛みが少なく、みずみずしい。
生で食べてもいいし、短時間加熱に向く

通常出回っている黄玉ねぎの早生種を早どりしたもの。皮の色が淡く、鱗葉が薄いのが特徴。辛みが少なく、みずみずしい食感が好まれ、サラダやマリネなどによく使われます。火が通りやすいぶん、長く加熱するとくずれるので、さっと炒め、さっと煮などがおすすめ。

新玉ねぎ

サラダオニオン

適度な辛みを生かしてドレッシングに

おろし玉ねぎドレッシング

1人分 **242** kcal

材料(2人分)
新玉ねぎ(すりおろす)…大さじ2
赤とうがらし(あらいみじん切り)
　…1本
パセリ(みじん切り)…小さじ1
A｜酢…大さじ2
　｜油…大さじ5
　｜塩…少々
　｜砂糖…ひとつまみ

作り方
ボウルにAを入れてよくまぜ合わせ、玉ねぎ、赤とうがらし、パセリを加えてさらにまぜる。

下ゆでして余分な水分を抜いてから味を含ませる

新玉ねぎと牛肉のカレーマリネ

1人分 **575** kcal

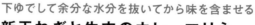

材料(2人分)
新玉ねぎ…1個(約200g)
にんじん…40g
牛赤身薄切り肉
　(しゃぶしゃぶ用)…100g
A｜カレー粉…大さじ1
　｜塩…少々
B｜酢…大さじ1
　｜油…大さじ1
　｜粒マスタード…小さじ1
　｜しょうゆ…小さじ1
　｜塩、砂糖…各少々

作り方
1 玉ねぎは縦に半分に切り、縦に薄切りにする。にんじんは3〜4cm長さのせん切りにする。
2 鍋に湯600mlを沸かしてAを入れ、にんじん、玉ねぎ、牛肉の順に入れる。再び煮立ったらアクをとり、1〜2分ゆでる。ざるに上げ、水けをきって冷ます。
3 ボウルにBを入れてまぜ、2を加えてあえる。

ねぎ

薬味としてだけでなく、野菜としてのおいしさを確認

栄養▶白い部分にはビタミンC、緑の部分にはβ-カロテンやカルシウム、ビタミンKが豊富。独特の香り成分・アリシンは、ビタミンB₁の吸収を助け、疲労回復や血行促進に役立つといわれる。

旬・選び方▶11～2月までの寒い時期が旬。張りがあり、白い部分も葉の部分も色のさえているものがよい。

保存▶長さを半分くらいに切ってポリ袋に入れ、冷蔵庫の野菜室で保存する。泥つきのものは新聞紙などで包んで冷暗所に立てておく。

重さの目安▶1本で100g

みじん切り

切り離さないように注意しながら、斜めの切り込みをやや深めに、できるだけこまかく入れる。反対側にも同様に切り目を入れる。

端から刻むとみじんに切れる。このほか縦に何本か切り目を入れて端から刻む方法もある。5cm分で大さじ1のみじん切りができる。繊維をこまかく断つので香りが立ちやすく、いろいろな料理にまぜやすい。

小口切り

丸い切り口になるように、包丁を直角に当てて端から切る。薬味にするときはごく薄く切り、汁の実にするときは1cm厚さくらいに切ると煮くずれしない。

斜め切り

 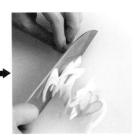

斜めに切ると、切り口の面積が広くなり、火の通りがよくなる。ねぎが太いときは、縦半分に切ってから斜めに切るとよい。

料理に合わせて厚さを決め、斜めに包丁を入れて切る。鍋物など、煮る時間が長いときは2cm厚さくらいに切るとよい。

せん切り

5cm長さに切りそろえる。最初に切った1切れに合わせて切っていくと、長さがそろい、仕上がりがきれいに。

切ったねぎそれぞれに、縦の切り込みを中心まで入れて開き、中央にある芯をとり出す。芯は刻んで、炒め物などに使う。

開いた内側を下にして少しずらして重ねる。

左手でずれないように押さえ、端からごく細く切る。包丁をよくといでおくと細く切りやすい。

しらがねぎ

水にさらしてしばらくおくと、辛みが抜け、シャキッとする。ごく細く切って水にさらしたものをしらがねぎという。キッチンペーパーで包んで水けをしぼって使う。煮物や揚げ物に添えて香りや食感を楽しむ。

One point lesson

ねぎの甘みを生かすにはじっくり加熱を

旬のねぎはやわらかく、甘みが増してくる。すき煮、煮物、焼きねぎなどで、じっくり加熱すると、余分な水分が抜け、うまみが凝縮されるため、甘みがひときわ引き立つ。芯をいっしょに加熱すると甘みととろみが出る。

切り目を入れると均一に火が通る
ねぎの南蛮漬け

1人分
46
kcal

point

ねぎの表面に切り目を入れると、火の通りが早く、味がなじみやすい。外側のかたい繊維が食べやすくなり、ねぎの甘み、食感が生かせる。

材料(2人分)
ねぎ…1本
油…小さじ1

A
だし…大さじ3
しょうゆ…小さじ2
酢…小さじ1½
みりん…小さじ1½
赤とうがらし
（小口切り）…小1本分

作り方
1 ねぎは4cm長さに切り、斜めに数本の浅い切り目を入れる。上下を返し、同様に斜めの切り目を数本入れる。
2 フライパンを中火で熱して油をなじませ、1を入れてときどき転がしながら、全体に焼き色がつくまで4〜5分焼く。
3 バットにAをまぜ合わせ、2を熱いうちに入れる。ときどき上下を返しながら5分ほどつけて味を含ませる。

里いも

皮ごと蒸すとぬめりが出にくく、うまみが閉じ込められて美味!

栄養▶主成分のでんぷんは粒子が小さく、消化がよいといわれる。カリウムの含有量は、いも類ではトップクラスで、ビタミンCも多い。なお、ぬめりには、胃腸を守り、たんぱく質の消化・吸収を助け、免疫力を高める効果もあるとされている。

旬・選び方▶8〜10月が旬。皮が茶褐色で湿りけがあり、全体にふっくらとしているものがよい。皮をむいて売っているものは傷みやすいので、早めに使いきる。

保存▶低温と乾燥に弱いので、冷蔵室には入れない。紙袋に入れるか、新聞紙で包んで、日の当たらない涼しい場所に保存する。

重さの目安▶1個で50g

皮をむく

泥を洗い流したら、ざるに広げ、乾かしてから皮をむくと、身に泥がつきにくい。はじめに上下を少しずつ切り落とす。

里いもの形に沿うようにして、上から下に向けて縦に皮をむく。均等な幅で包丁を入れるのがコツ。上下の切り口に塩少量をつけて皮をむくと、すべりにくくなる。

ぬめりをとる

塩でもむ
ボウルに里いもを入れ、塩(里いも600gに塩大さじ½が目安)を振り入れる。かゆくならないように、手にポリ袋などをかぶせてもみ、ぬめりが出たら水洗いする。

下ゆでする
鍋に里いもとひたひたの水を入れて強火にかける。ブクブクと泡が立って煮立ったら、すぐにざるに上げ、流水でぬめりを洗い落とす。下ごしらえなので、火を通しすぎないように注意する。

One point lesson

皮ごと蒸せば、するっと皮がむけ、冷凍保存もできる

里いもは皮のまま蒸すと◎。むきやすく、手がかゆくなることも少ない。保存容器に詰めて冷凍すれば2〜3週間はもち、煮物や汁物に冷凍のまま利用できる。自然解凍してつぶし、コロッケやサラダにしても。

よく洗って泥を落とし、上下を切って蒸気が十分に上がった蒸し器に並べ、竹ぐしがスッと通るようになるまで蒸す(里いも200gで10〜15分が目安)。

皮を切り落としたところから里いもを押すと、するりと簡単に皮がむける。

煮ころがしをランクアップ

里いもとほたての煮物

1人分
223
kcal

材料(2人分)
里いも…5個(300g)
だし…400ml
蒸しほたて…小4〜6個
小麦粉…少々
絹さや…10枚
油…大さじ½
A｜しょうゆ…大さじ1½
　｜砂糖…大さじ1
　｜みりん…大さじ1

作り方
1 里いもは皮をむき、一口大に切って塩少々でもみ、洗う。さらに下ゆでしてざるに上げ、水でぬめりを洗い落とす。絹さやは筋をとる。
2 鍋にだしと里いもを入れ、落としぶたをして、弱めの中火で4〜5分煮る。
3 ほたてはさっと洗って水けをふき、小麦粉をつける。フライパンに油を熱し、ほたての両面をさっと焼く。
4 2にAを加え、さらに7〜8分煮る。煮汁が半量になったらほたてを加えてひと煮し、絹さやを加えてひと煮する。

蒸したいものおいしさをシンプルに味わう

里いものごまみそあえ

1人分
371
kcal

材料(2人分)
里いも…200g
さやいんげん…30g
A｜すり黒ごま…大さじ2
　｜みそ…大さじ1
　｜砂糖…大さじ1
　｜だし、または湯…大さじ1〜2

作り方
1 里いもはよく洗い、蒸気の上がった蒸し器に入れてやわらかくなるまで蒸す。
2 皮をむき、4等分に切る。
3 いんげんはへたを切り、塩少々を入れた湯でやわらかくゆでる。ざるに上げ、水けをきって冷まし、2cm長さに切る。
4 ボウルにAを合わせてよくまぜ、2,3を加えてよくあえる。

さつまいも

水につけ、ゆでこぼしてアクを抜くと色も味もグンとよくなる

紅あずま

紫さつまいも

鳴門金時

栄養▶でんぷん、ビタミンC、食物繊維が豊富。さつまいものビタミンCは、加熱しても損失が少ないのが特徴。また、ビタミンE、β-カロテン、カリウム、カルシウム、マグネシウムなど、各種の栄養素がバランスよく含まれている。

旬・選び方▶7月ごろから新いもが収穫されるが、旬は9月。ふっくらとしていて、あまりでこぼこのないものを選ぶ。

保存▶寒さに弱いので、冷蔵庫に入れると低温障害を起こす。乾燥しないように新聞紙で包んで日の当たらない場所で保存し、2週間ほどで使いきる。

重さの目安▶1本で200〜300g

皮をむく

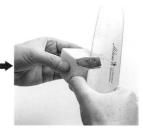

ピーラーでむく
でこぼこが少ないものはピーラーでむくと簡単。

包丁で厚くむく
きれいな色に仕上げたいときは、皮を厚くむく。皮の内側にある筋のあたりにアクが多いので、これを除くようにむく。

皮を四角く落とす
四角になるように皮を切り落とすと、拍子木切りやすいの目切りにしやすい。少し残る黒い部分は刃元でえぐりとる。

斜め切り

天ぷらなどに用いられる切り方。切り口の面積が広くなるので、火の通りがよくなる。皮をきれいに洗い、厚みをそろえて斜めに切る。

乱切り

一口大に斜めに切り、その切り口が上になる位置まで手前に回し、斜めに包丁を入れて一口大に切る。同様にして切っていく。

水にさらす

さつまいもはアクが強いので、切ったそばからたっぷりの水に入れて10分ほどさらすと、色よく煮上がる。

ゆでこぼしてアクを抜く

鍋に水にさらしたさつまいもを入れ、かぶるくらいの水を注いで強火にかけ、煮立ったら湯を捨てて水けをきる。煮物の下ごしらえとしてやっておくと、風味よく仕上がる。

肉料理のつけ合わせにもなる
さつまいものグラッセ

材料(2人分)

さつまいも…1本(250g)

1人分
244
kcal

A
- 牛乳…100㎖
- 砂糖…大さじ1
- バター…大さじ½
- 塩…少々

作り方

1 さつまいもはピーラーで皮をむいて4㎝厚さに切り、四つに切って水に10分ほどさらす。
2 鍋に水300㎖とともに入れ、中火で6〜7分煮る。
3 さつまいもがやわらかくなったら湯を捨て、Aを加えて汁けが少なくなるまで煮る。

肉と合わせてこってり煮物に！
さつまいもと鶏肉の甘辛煮

材料(2人分)

さつまいも…1本(250g)

さやいんげん…3〜4本

鶏もも肉…150g

油…大さじ1

1人分
427
kcal

A
- 酒…大さじ1
- 薄口しょうゆ…大さじ1½
- 砂糖…大さじ1
- みりん…大さじ1

作り方

1 さつまいもは皮つきのまま少し大きめの乱切りにし、水に10分ほどつけ、水けをきる。いんげんはへたを切り、2㎝長さの斜め切りにする。
2 鶏肉は大きめの一口大に切る。
3 鍋を中火で熱して油大さじ½をなじませ、さつまいもをさっと炒め、油がなじんだらとり出す。
4 3の鍋に残りの油を足し、鶏肉を炒める。肉の色が変わったら水400㎖を注ぎ、煮立ったらアクをとり、少し火を弱めて5〜6分煮る。Aを加えてさつまいも、いんげんを入れ、煮汁が⅓量くらいになるまで、ときどきまぜながら煮る。

Part
1
さつまいも

PART
2

PART
3

PART
4

PART
5

じゃがいも

ほくほくした食感の男爵系と、しっとりメークイン系を使い分ける

男爵

メークイン

栄養▶主成分はでんぷんで、ビタミンB群・C、カリウムなどが豊富。でんぷんがビタミンCを守るので保存や加熱による損失が少ない。

旬・選び方▶貯蔵がきくので一年じゅう手に入るが、11月ごろに出回るものがおいしい。3〜5月に出回る新じゃがいもは小粒で皮が薄く、水分が多い。

保存▶低温が苦手なので、冷蔵室に入れず、新聞紙で包むか、紙袋に入れて、日の当たらない風通しのよい場所で保存する。日が当たると発芽しやすいので注意。

重さの目安▶1個で150〜200g

Part
1
じゃがいも

PART
2

PART
3

PART
4

PART
5

洗う

水にじゃがいもを入れて手で表面をこするようにして洗う。へこんでいる部分は特にていねいに洗うこと。

皮をむく

まず、平らな部分の皮をぐるりと均一の厚さにむいて、残りの皮を形をととのえるようにむく。

芽をとる

芽があったら、包丁の刃元の角の部分を芽に深くさし込んで、残さないように、完全にえぐりとる。

さいの目切り

1cm厚さの輪切りにしてから1cm角の棒状に切り、それを横にしてそろえ、端から1cm幅に、さいころ形に切る。水にさらす。

細切り

薄切りにしたじゃがいもを少しずらして重ね、端からできるだけ細く切る。

切ったそばから水にさらす。空気にふれると、切り口のでんぷんが変色するので、必ず5〜10分水にさらすのが鉄則。

マヨネーズに牛乳をプラスして
マイルドな味に！

ポテトサラダ

1人分 370 kcal

材料(2人分)
じゃがいも…3個(300g)
にんじん…1/5本(40g)
ハム…40g
きゅうり…1本
マヨネーズ…大さじ4
牛乳…大さじ1
塩…適量
こしょう…少々

作り方

1 じゃがいもは皮をむいて一口大に切り、さっと水にさらす。にんじんは薄いいちょう切りにする。

2 鍋に入れ、かぶるくらいの水を加え、やわらかくゆでる。湯を捨て、鍋を揺すってにんじんもいっしょに粉ふきにし、ざっとつぶして冷ます。

3 ハムは7〜8mm角に切り、きゅうりは薄い小口切りにして塩少々を振ってもみ、4〜5分おいて水けをしぼる。

4 マヨネーズと牛乳はまぜて、2に加えまぜ、3を加え、塩、こしょうで味をととのえる。

One point lesson

男爵系はポテサラに
メークイン系はカレーなど

男爵系→でんぷんが多く、加熱するとほくほくとした食感になり、ポテトサラダやコロッケなどに向く。煮くずれやすいが、食感から肉じゃがにも好まれる。
メークイン系→ねっとりした食感で、煮くずれしにくいので、カレー、シチュー、ポトフなどの煮込み料理に向く。

まるごとゆでる

じゃがいもはよく洗って皮つきのまま鍋に入れ、たっぷりの水を注いで中火にかける。煮立ったらふたをして火を弱め、30分ほどゆでる。皮つきなのででんぷんが逃げず、ほっくりとした食感にゆで上がる。

竹ぐしなどを刺してスッと通るまでやわらかくなったら水けをきり、熱いうちに皮をむく。キッチンペーパーなどにのせ、やけどに注意して皮をこするようにしてむくとよい。

粉ふきにする

鍋に皮をむいて一口大に切ったいもを入れ、かぶるくらいの水を注いでやわらかくゆでたら、湯を捨てて再び火にかけ、鍋を揺すって水けをとばす。ポテトサラダやマッシュにするときに。

Part
1
じゃがいも

PART
2

PART
3

PART
4

PART
5

男爵系のいもに
肉のうまみを煮含めて

1人分
495
kcal

肉じゃが

材料（2人分）
牛薄切り肉…150g
じゃがいも…3個（300g）
玉ねぎ…½個
にんじん…¼本（50g）
絹さや…10枚
油…大さじ1

A
| 酒…大さじ1
| 砂糖…大さじ2
| しょうゆ…大さじ2〜2.5
| みりん…大さじ½

作り方
1 牛肉は3〜4cm幅に切る。
2 じゃがいもは四〜六つに切り、水にさらして水けをきる。
3 玉ねぎは薄切りにし、にんじんは半月切りにする。
4 絹さやは筋をとり、斜め半分に切る。
5 鍋を中火で熱して油をなじませ、牛肉、玉ねぎの順に炒め、肉の色が変わったらにんじん、じゃがいもを加えて炒め、水400㎖強を注ぐ。
6 煮立ったらアクをとり、落としぶたをして弱めの中火で7〜8分煮る。**A**を酒、砂糖、しょうゆ、みりんの順に加え、煮汁が⅓量くらいになるまで煮含める。
7 4を加えてひと煮し、火を止めて味を含ませる。

レンジ加熱で火を通し、
表面をカリッと焼きつける

1人分
400
kcal

ローズマリーポテト

材料（2人分）
じゃがいも（メークイン）…2個（約300g）
鶏スペアリブ…200g

A
| 塩…小さじ⅓
| こしょう…少々

ローズマリー…3〜4枝
小麦粉…適量
オリーブ油…大さじ1
塩、こしょう…各少々
油…大さじ2

作り方
1 じゃがいもは皮つきのまま1個ずつラップで包み、電子レンジで加熱し、縦に6〜8等分に切る。
2 鶏肉は**A**を振り、ローズマリー2〜3枝の葉をちぎって散らし、よくもみ込んで小麦粉を薄くまぶす。
3 フライパンを中火にかけてオリーブ油をなじませ、1と残りのローズマリーを入れて焼きつける。全体にこんがりと焼き色がついたら塩、こしょうを振って器にとり出す。
4 つづいてフライパンに油をなじませ、2を入れて焼く。こんがりと焼き色がつくまで6〜7分焼いて火を通す。3の器に盛り合わせ、好みでレモンのくし形切りを添える。

新じゃがいも

まるごと使って風味を楽しむ

冬に植えつけたじゃがいもを通常よりも早く収穫する未熟ないものことです。一般的に品種は男爵ですが、水分が多いため、コロッケやマッシュポテトには不向き。火が通りやすく、くずれにくいので、煮物や揚げ煮にぴったり。皮がやわらかく、切らずにまるごと使うこともできます。

たわしでこすって薄皮をむく

新じゃが特有の風味は皮の近くにある。皮をむくときは包丁を使わずに、水に20分ほどつけてからたわしでこすりとるとよい。

PART 2

焼いて水分をとばすとほくほくに！
新じゃがのチーズ焼き

材料（2人分）
新じゃがいも
　…小7個（約350g）
塩、こしょう…各少々
トマトケチャップ
　…大さじ2〜2½
ピザ用チーズ…50g

1人分
239
kcal

作り方
1 新じゃがはたわしで薄皮をこすりとり、半分に切る。
2 フライパンに切り口を上にして並べ、いもの半分くらいの深さまで水を入れてふたをし、中火で6〜7分ゆでる。竹ぐしがスッと通るくらいになったら、とり出す。
3 オーブントースターの天板に2を切り口を上にして並べ、塩、こしょうを振り、ケチャップをぬってチーズを散らす。オーブントースターに入れ、焼き色がつくまで5〜6分焼く。焦げそうなときは、途中でアルミホイルをかぶせる。

PART 3

濃いめの煮汁に入れてふたをして煮る
新じゃがの韓国風蒸し煮

1人分
575
kcal

材料（3人分）
新じゃがいも
　…5〜6個（約350g）
玉ねぎ…1/2個
鶏もも肉…200g
ごま油…小さじ1½
　　おろしにんにく
　　　…小さじ½
　　コチュジャン
　　　…大さじ1½
A しょうゆ…大さじ1½
　　砂糖…大さじ1
　　酒…大さじ1

作り方
1 新じゃがはたわしで皮をこすりとり、2〜3つに切り、洗って水けをきる。玉ねぎは1cm厚さのくし形切りにする。
2 鶏肉は大きめの一口大に切り、**A**をもみ込む。
3 鍋を中火にかけてごま油をなじませ、鶏肉を入れて炒める。肉の色が変わったら、1を加えて水200mlを注ぎ、ざっとまぜ、ふたをして12〜13分煮る。
4 途中、ふたをとってときどきまぜながら、汁が¼量くらいになるまで煮詰める。

やまのいも

粘りが少ない長いもは、切って歯ざわりを楽しむ

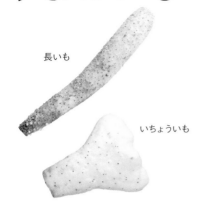

長いも

いちょういも

栄養▶やまのいもの独特の粘りはたんぱく質の消化を助けるムチンという成分。デンプン分解酵素のジアスターゼも豊富なので、でんぷんを多く含むいも類のなかでは唯一、生で食べられる。そのほか、カリウムやビタミンB群、食物繊維などが含まれている。

旬・選び方▶10〜11月が収穫期だが、保存がきくので一年じゅう出回っている。皮に傷がなく、張りのあるものが新しい。

保存▶カットしたものは、切り口が空気にふれないように、ぴったりとラップで包み、冷蔵庫の野菜室に入れる。まるごとの場合は、新聞紙に包んで冷暗所におく。

重さの目安▶1本（直径8cm）で1kg

▌長いも

皮をむく	酢水にさらす	ぬめりを洗い落とす

4〜5cm長さに切ってから、皮を厚めにむく。

水600mlに酢小さじ1程度を入れた酢水を作り、長いもを10分ほどさらして変色を防ぐ。

酢水の中で手でしごくようにしてぬめりをとる。さらに水で洗い流す。

水けをふく	たたく	せん切り

キッチンペーパーで水けをていねいにふきとる。水けが残っているとぬめるので、よくふきとること。

厚手のポリ袋に入れて空気を抜き、袋の口を持ってめん棒などで軽くたたく。合わせ酢などをかけると、独特の歯ざわりを楽しめる。

縦に薄切りにし、少しずらして重ね、できるだけ細く切る。ぬめりですべるので、手で上下を軽く押さえるようにする。

┃いちょういも

Part
1 やまのいも

PART
2

PART
3

PART
4

PART
5

皮をむく

皮はスプーンで軽くこそげとると簡単。少し残しておくと、おろすときに便利(最後にむいて使う)。

酢水にさらす

空気にふれると色が変わるので、すぐ酢水(酢小さじ1程度を加えた水600㎖)につけて10分ほどおき、変色を防ぐ。

ぬめりをとる

酢水を捨て、ボウルに新しい水を注ぎ、手でしごくように洗ってぬめりをとる。

すりおろす

水けをふきとり、なるべく目のこまかいおろし器ですりおろすと、粘りが出やすい。

One point lesson

**かゆみとりには
酢が効果的**

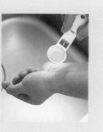

やまのいものぬめりで手がかゆくなったら、酢を直接手にたらしてぬりつけると、かゆみがおさまりやすい。

食感と粘りの両方が楽しめる
長いもの梅あえ

材料(2人分)
長いも…200g
梅干し…1個
貝割れ菜…⅓パック
ねりわさび…少々

**1人分
68
kcal**

作り方
1 長いもは皮をむいて酢水につけ、ぬめりを洗ってキッチンペーパーで水けをふく。3〜4㎝長さに切ってせん切りにする。
2 梅干しは種をとってあらくたたく。貝割れ菜は根元を切って2㎝長さに切る。
3 ボウルに1、2、わさびを入れてよくまぜ、好みでしょうゆ少々を振る。

きのこ

食物繊維に富み、制がん効果も高く、低エネルギーな食品

栄養▶ビタミンB群、ミネラル、食物繊維が豊富。

旬・選び方▶秋。栽培物は一年じゅう出回る。

保存▶傷みやすいので、早く食べきる。気温の高い時期やパックに水滴がついていたら、キッチンペーパーを敷いた密閉容器に移し、冷蔵庫の野菜室で保存。数日で使いきる。

しいたけ

うまみと特有の香りがあり、いろいろな調理法で楽しめる

加熱によって、生では少量のうまみ成分・グアニル酸が増加し、香りもよくなる。しいたけ本来の味を楽しむなら、食感や香りにすぐれた原木栽培のしいたけがおすすめ。汚れはキッチンペーパーでふけばよく、洗わないこと。水っぽくなり、風味もなくなる。1個で15g、1パックで100g。

汚れをとる

表面にうまみ成分があるため、水洗いすると風味が落ちる。汚れていたら、キッチンペーパーで軽くふく。

石づき、軸を切り落とす

軸の先のかたい部分(石づき)を切り落とす。軸は、料理によって笠のすぐ下で切りとるか、つけたままでも。

飾り切り

笠の中央部分に、切り口の断面がV字になるように、包丁の刃を斜めにして切り込みを入れる。

しいたけの向きを変え、同様にしてV字の切り込みを2〜3本入れる。

飾り切りのでき上がり。天ぷらや煮物に使うと見ばえがよく、火の通りもよい。

日に当てる

笠を下にしてざるに広げ、ベランダなどにおいて1〜2時間日に当てると、ビタミンDが増し、水分が抜けることで風味も凝縮され、うまみが出る。

しめじ

クセのない風味で
いろいろな料理に活躍！

本しめじとして売られているのはぶなしめ
じの栽培種。歯ごたえと風味を楽しむ。
炒めるなど、加熱することで余分な水分
が抜けてうまみが増し、プリッとした食感
がアップする。1パックで100～150g。

石づきを切り落とす

軸の先のかたい部分（石づ
き）を切り落とす。かたい
部分はそんなになく、あとは
食べられる部分なので、上
のほうまで切らないこと。

小房に分ける

手で簡単に裂けるので、食
べやすい大きさに小分け
にする。これを小房に分け
るという。

えのきだけ

クセがない風味と
手ごろな価格で人気

人工的に菌床で日を当てずに栽培された
ものだが、最近は日に当てた茶色のもの
も出回っている。加熱するとぬめりが出て
独特の食感が楽しめる。さっとゆでてあ
え物にしたり、ほかのきのこと合わせて炒
め物にしたり、また、鍋物の具としても人
気。1袋（小）で100g。

根元を切り落とす

根元から3～4cm上の、薄
い筋が輪になっているとこ
ろから切り落とす。

ほぐす

根元の部分を手でこまか
くほぐし、食べやすいよう
に長さを半分に切る。

Part
1 きのこ

PART 2

PART 3

PART 4

PART 5

Part
1
きのこ

PART
2

PART
3

PART
4

PART
5

まいたけ

味も栄養も満点！ 鍋や天ぷらなど加熱して

味、香り、歯切れのよさがそろっている天然のまいたけは、「思わず踊りだしてしまう」ほど味がよく、「舞茸」の名がついたとか。栄養的にもすぐれていて、最近の薬学界でも注目されている。出回っているのは栽培物だが、長く加熱しても繊維がしっかりしているので、鍋物や煮物にも利用できる。1パックで100g。

2～3つに分ける

手で簡単に裂けるので、大きさにもよるが、全体を根元から2～3つに分ける。

石づきを切り落とす

根元のかたい部分（石づき）を、包丁で筋がついているところで切り落とす。

エリンギ

歯ざわりのよさで愛される きのこのニューフェース

ヨーロッパ原産で、日本で栽培されるようになったのは90年代の終わりごろ。人工栽培されており、淡泊で、しこっとした歯ざわりが好まれる。バターソテーや網焼きなどのほか、肉質がしっかりしているので、煮込み料理にもおすすめ。1パックで100g。

石づきを切り落とす

根元のかたい部分の石づきを、包丁で筋がついているところで切り落とす。

手で裂いてから切る

根元に1～2cmの深さで一文字、または十文字に切り込みを入れ、そこから手で縦に裂く。繊維の方向が縦にはっきりしていてやわらかいので、手で裂ける。断面積が広くなり、味がしみやすい。

笠をつぶさないように裂いた面を下にして、端から好みの厚さに切る。

なめこ

特有のぬめりが最大の特徴

一般に手に入るものは、原木栽培、または菌床栽培されたもの。ほかのきのこよりも傷みやすいので、ゆでて袋詰めにしたものが出回っている。これはゼリー状のぬめりでおおわれていて、独特の舌ざわりがあり、汁物やあえ物によく使われる。1パックで100g。

石づきを切り落とす

石づきつきのものは、根元がかたいので深めに切る。石づきがついていないものはそのままで。

熱湯をかける

なめこをざるに入れ、湯を回しかけて表面の汚れと余分なぬめりをざっと洗う。ぬめりをとりすぎると、特有の風味がそこなわれるので、洗いすぎに注意。

マッシュルーム

独特の食感を味わうならサラダ、風味を楽しむなら煮込み料理に

シチューやサラダ、ピザのトッピングなど、洋風料理によく使われ、日本でも多く栽培されている。出荷量がふえる春と秋には手ごろな値段で出回る。サラダ、炒め物、煮込み料理で、独特の食感と香りを楽しんで。白色と褐色のものがあり、褐色のほうが香りが強い。笠が締まったものが新鮮。1個で10g。

石づきを切り落とする

すでに切ってある状態のものもあるが、泥のついたままで売られているものは、泥のついた部分を包丁で切り落とす。

汚れをとる

洗うと吸水しやすいし、風味が落ちるので、水洗いはせずに、ぬらしたキッチンペーパーで笠についた汚れをふきとる。

変色を防ぐ

アクが強く、切り口がすぐに変色するので、生のまま使う場合には、切ったらすぐレモン汁か酢水を振って、変色を防ぐ。

Part
1
きのこ

PART
2

PART
3

PART
4

PART
5

網焼きで本来のうまみを味わう

しいたけの網焼き

材料(2人分)
しいたけ…大4個
厚揚げ…½枚
おろし大根…100g
すだち…½個
しょうゆ…少々

1人分 91 kcal

作り方

1 しいたけはキッチンペーパーで汚れをふき、石づきを切り落として、軸の切り口に十文字の切り込みを入れる。

2 焼き網を中火にかけて熱し、しいたけの笠を下にして、一口大に切った厚揚げとともに並べる。3分ほど焼き、それぞれ裏返してさらに1～2分焼く。

3 しいたけを食べやすく切り、厚揚げとともに器に盛っておろし大根と半分に切ったすだちを添え、しょうゆを振る。

炒めてうまみを出したしめじの味は格別！

しめじのマリネ風

材料(2人分)
しめじ…1パック(約150g)
パプリカ(赤)…¼個
油…大さじ1½
A 酢…大さじ1
　しょうゆ…小さじ1
　塩、こしょう…各少々
ベビーリーフ…30g

1人分 106 kcal

作り方

1 しめじは石づきをとり、1本ずつバラバラにほぐす。長いものは長さを半分に切る。

2 パプリカは斜め細切りにする。

3 フライパンを中火にかけて油をなじませ、1、2を入れて、しめじがくったりするまで3～4分炒め、火を止める。

4 Aを加えてまぜ合わせ、あら熱がとれて味がなじんだら、ベビーリーフを加えてざっとまぜる。

手作りのおいしさを実感！
自家製なめたけ

材料(2人分)

えのきだけ…2袋(約300g)

1人分 169 kcal

A
| 酒…大さじ1
| しょうゆ…大さじ1½
| みりん…大さじ1
| 水…大さじ1

削りがつお…5g

七味とうがらし…少々

作り方

1 えのきだけは根元を切り落とし、長さを半分に切ってこまかくほぐす。

2 鍋にAを合わせて中火にかけ、煮立ったらえのきを入れる。少ししんなりしたら、削りがつおを加え、汁けがほぼなくなるまで、まぜながら煮詰める。

3 器に盛り、七味とうがらしを振る。
　★よく冷めたら保存容器に入れ、冷蔵保存して、4〜5日で食べきる。

衣を薄くして、食感を楽しむ
まいたけの天ぷら

材料(2人分)

まいたけ…1パック(約100g)

白まいたけ…1パック(約100g)

1人分 261 kcal

A
| 小麦粉…1/2カップ
| かたくり粉…大さじ1
| 水…100㎖

揚げ油…適量

すだち、塩…各適量

作り方

1 まいたけは手で食べやすい大きさに裂く。

2 ボウルにAの水を入れ、小麦粉、かたくり粉を振り入れてさっくりとまぜる。

3 揚げ油を170度に熱し、まいたけを2の衣にくぐらせ、余分な衣をボウルの縁で落としながら、1房ずつ入れていく。3〜4分揚げてカリッとしたら油をきって器に盛り、すだち、塩を添える。

Part
1
きのこ

PART
2

PART
3

PART
4

PART
5

使いきれない分は
炒めきのこに

きのこは湿けも乾燥も苦手。炒めておくと、おいしさが長もちし、スープ、あえ物、チャーハンなどに手軽に使える。数種類のきのこをまぜると、よりコクが出る。

作り方
1 しいたけ6個は石づきをとって半分に切り、薄切りにする。しめじ2パックも石づきをとって小さくほぐす。エリンギ1パックは石づきをとって半分に裂き、長さを2等分して縦に薄切りにする。
2 フライパンを中火にかけて油大さじ1½をなじませ、1を入れて3〜4分しっかりと炒める。塩、こしょう各少々を振って軽く炒め、冷ます。

全量で
237
kcal

保存 よく冷めたら保存容器に入れ、冷蔵保存する。3〜4日はOK。

1人分
77
kcal

浅漬け風　活用レシピ
炒めきのこのスープ

材料(2人分)
炒めきのこ…上記の⅓量
鶏ささ身…50g
塩、こしょう…各適量
鶏ガラスープのもと…小さじ1
パセリ(みじん切り)…少々

作り方
1 ささ身は縦半分に切り、端から細切りにし、塩、こしょうを軽くまぶす。
2 鍋に鶏ガラスープのもとと水300㎖、ささ身を入れ、よくほぐして中火にかける。煮立ったらアクをとり、炒めきのこを加え、3〜4分煮て、塩、こしょうで味をととのえる。器に盛り、パセリを散らす。

香味野菜・薬味野菜

香味野菜とは読んで字のごとく、香りが高く、特有の味わいを持った野菜。料理に少し加えることで、いろいろな食材の持つくさみを消したり、特有の香りがつくことでうまみが増したりなど、料理になくてはならない存在。また、和風料理になくてはならないのが薬味野菜。料理の味をいっそう引き立てる名わき役。いずれも代表的な野菜を紹介します。

しょうが

すがすがしい香りと辛みが特徴。辛み成分は血行を促進して体をあたためる効果が知られ、しょうが湯などにも使われる。殺菌効果が高く、かつおなど少しくせのある風味の魚の刺し身などに添えることが多い。薬味として生で食べるときは皮をむき、煮物などに使うときは、香りが残るように皮つきで使うのが原則。1かけで約10g。

1かけは親指大

よく使われる1かけというのは、親指の先よりひと回り大きいくらいが目安（約10g）。

せん切り

皮をむいて繊維に沿って薄切りにし、端を少しずつ重ねて並べ、細く切る。炒め物などにする場合はそのまま使うが、煮物などに生で添える場合は、水にさらして水けをしぼって使う。

みじん切り

細切りにしたものを束ねて横におき、端からこまかく刻む。

しぼり汁を作る

おろし器の下にぬれぶきんなどを敷いてすべらないようにし、力を入れてすりおろす。

おろしたしょうがをおろし器の隅に寄せ、指でつまんで汁をしぼる。

針しょうがを作る

皮を薄くむき、繊維に沿って端から薄く切る。皮に香りがあるので、厚くむかないこと。

薄く切ったものを少しずらして重ね、繊維に沿って端からごく細いせん切りにする。

切ったそばから水に放してシャキッとさせ、使うときに水けをよくきる。

107

Part
1
香味野菜・薬味野菜

PART
2

PART
3

PART
4

PART
5

にんにく

1個のにんにくは、鱗片が6片ほど集まったもの。独特の香りは肉料理や魚料理のにおい消しになるほか、血行をよくするアリシンがビタミンB$_1$の吸収を高めるので疲労回復効果が期待できる。抗菌・殺菌作用が高いことも知られている。ネットなどに入れて風通しのよい場所につるしておけば日もちする。1かけで8g。

1かけの目安

茎の周りに鱗片が集まって1個になっている。鱗片の1つを1かけという。手で割るように分け、薄皮をむく。

芽をとる

にんにくの芽は苦みがあり、加熱すると焦げやすいので、とり除いたほうがよい。1かけを縦半分に切り、根を薄く切り落とし、包丁の刃元でとる。

薄切り

安定よく、平らなほうを下にして端から薄く切る。横に薄切りにする場合もある。

つぶす

包丁の腹にけが防止のためにぬらしたキッチンペーパーをのせて、手のひらのつけ根で包丁を強く押す。刻むよりも香りが出やすい。炒め物に。

みじん切り

まず、縦に端から端までこまかい切り込みを入れる。根元は切り離さないこと。次に包丁をねかせて水平方向に数本切り込みを入れる。

根元の部分を押さえて、端からこまかく刻んでみじん切りにする。まだ大きいようなら、包丁でさらに刻むとよい。

あさつき・細ねぎ

どちらもねぎの仲間。小口切りにして薬味に使うことが多い。保存は新聞紙に包んで。使いかけはラップかポリ袋に入れて冷蔵庫に。1本で3～5g。

小口切り

根元を少し切り落とし、半分に切って、切り口をそろえて並べる。

端から切る。長さは料理に合わせて切る。薬味にはごくこまかく刻むとよい。

青じそ

「大葉」とも呼ばれる。さわやかな香りがあり、緑色の葉はあざやか。つけ合わせにしたり、刻んで料理の香りづけに使ったりする。香り成分には食欲を増進させるほか、魚介類のにおい消しや、防腐・抗菌効果もあるので、刺し身のつまなどにもよく使われる。ぬらしたキッチンペーパーで包んで密閉容器に入れ、冷蔵保存する。1束（10枚）で10g。

軸を切る

四角に切る

軸は口当たりが悪いので切り落とす。

縦に1cm幅に切り、横にしてさらに1cm幅に切る。彩りや香りを生かして料理の上に散らすときなどに。

せん切り

青じそを重ねて軸を切り、縦に半分に切る。半分にしたものを重ねて、縦にくるくると丸める。こうすると細く切りやすい。

丸めた青じその端から薄く切る。水にさらし、水けをきる。こうすると時間がたっても変色しない。

みょうが

みょうがのつぼみで、茎部分はみょうがたけと呼ばれる。独特の香りとシャキッとした歯ごたえが特徴。1個で15g。

縦薄切り

小口切り

根元を少し切り落とし、縦に半分に切る。軸のかたい部分は包丁で切りとる。

切り口を下にして、縦に薄く切る。アクが強いので、切ったそばから水に放してさらす。

みょうがを横向きにおき、小口から薄く切り、切ったそばから水に放してさらす。

木の芽はたたいて香りを立たせる

木の芽はさんしょうの若い芽のこと。煮物、吸い物などをより魅力的な風味にする。旬は3〜4月。盛りつけの直前に、手のひらに木の芽を数枚のせて、パンとたたくと、よい香りが立つ。

Part
1
香味野菜・薬味野菜

PART 2

PART 3

PART 4

PART 5

Part
1
コラム

PART
2

PART
3

PART
4

PART
5

「安心」のために、心がけたい下ごしらえ

農薬は生活を便利にする半面、野菜に残留し、体に害を及ぼすのではないかと心配になります。
また、ダイオキシンなどの大気汚染物質も心配。
こうした心配は、下ごしらえをすることで、ある程度とり除くことができるとされています。
生で食べる機会が多い野菜だからこそ、知っておきたい下ごしらえのポイントを紹介します。

しっかり洗う

皮の表面は有害物質が付着しやすい部分。泥や汚れもつきやすいので、たわしなどでよくこすり洗いする。

皮をむく

洗っただけでは心配なときは、皮をむいて除く。皮のすぐ下の層に有害物質が浸透していることもあるので、少し厚めにむくとよい。

塩でこする

塩をまぶして表面をこすると、有害物質を軽減できる。こうすると、きゅうりのえぐみや、オクラのうぶ毛などもとれて一石二鳥。

水にさらす

切ってから水にさらすことで、野菜に含まれていた有害物質が流れ出てくる。酢水や塩水でも同じ効果があるので、野菜に合わせて使い分けるとよい。ただし、野菜に含まれる栄養成分も流れ出てしまうので、あまり長い時間さらしすぎないようにする。

下ゆでする

切ってから下ゆですると、ゆで湯に有害物質が流れ出る。ゆで時間は野菜の種類や用途に合わせて。このときのゆで湯は再利用せずに捨てること。

ひげ根をとる

もやしのひげ根は栄養と同時に農薬なども吸収しているので、とり除くほうがよい。料理の仕上がりの見た目や口当たりをよくするためにとる場合も多い。

PART **2**

魚介

一尾魚のおろし方から、いかやえびの扱い方まで、
手順を追って紹介します。
下処理は買ったその日にするのが基本です。
こんなにいろいろな魚の味わいを楽しめるのも日本ならでは。
おろして調理した魚料理のおいしさは格別ですよ。

あじ

刺し身、焼く、煮る、揚げると
活用範囲が広く、栄養豊富な魚

栄養▶生活習慣病の予防効果で注目されるエイコサペンタエン酸、ドコサヘキサエン酸に富む。カリウム、カルシウムも多く含む。

旬・選び方▶夏が旬。胴が丸くピンと張っていて、皮に光沢があり、目が澄んでいるもの、えらの色があざやかなものがよい。

保存▶手に入れたら、えらと内臓をとって洗い、水けをふいてラップで包んで冷蔵室に入れ、すぐ使う。

重さの目安▶1尾で150g

ぜいごをとる

まないたに新聞紙を敷き、頭を左にしておき、尾のつけ根のかたいうろこ（ぜいご）に尾のほうから包丁をねかせて入れ、そぎとる。反対の面も同様にする。

えらをとる

頭を右、腹を手前にしておき、えらぶたを開いて指を入れ、赤黒い色をした両側のえらをつまんで引っぱり、つけ根からちぎりとる。

内臓をとる

頭を右、腹を手前にしておき、胸びれより少し下の腹側に2〜3cmの切り込みを入れる。

切り口に指を入れて、内臓をつまんでとり出す。

塩水で洗う

ボウルに塩水（水200mlに塩小さじ1強が目安）を入れ、えらぶたの内側や腹の中を洗う。内臓が残っていたら、切り口を広げないようにして指でかき出す。

全体を洗って水けをきり、キッチンペーパーで押さえるようにして水けをふく。えらぶたや腹の内側の水けもていねいにふきとる。

水けをよくふいて、パリッと焼き上げる

あじの塩焼き

材料（2人分）
あじ…2尾（300g）
塩…小さじ⅔～1
おろし大根…適量
レモンの半月切り…適量

作り方
1 あじはぜいご、えら、内臓をとって洗い、水けをよくふく。
2 火の通りをよくするため、両面に飾り包丁を入れる。塩を指でつまみ、頭から尾まで両面に均一に振る。
3 魚焼きグリルを熱し、焼き網にサラダ油少々をぬり、盛りつけたとき表になるほうから焼き始める。強火で4～5分焼く。きれいな焼き色がついたら、身をくずさないように返し、焼き色がつくまで焼く。
4 器に盛り、おろし大根とレモンを添える。

point

飾り包丁は、厚みのある部分に浅く入れる。1本入れたら、交差するようにもう1本切り目を入れる。

塩は、少し高いところから均一に振る。「飾り塩」といって、尾と胸びれに塩をたっぷりとつけ、焦げるのを防ぐ方法もある。

三枚おろし

身2枚と中骨を切り分けるのが「三枚おろし」。たたきやフライなど、身だけを使うときに。

1 あじはぜいごをとり、胸びれのつけ根に斜めに包丁を入れて、中骨まで切る。返して同様に包丁を入れ、頭を切り落とす。

2 尾を左に、腹を手前にして、頭の切り口から包丁を入れて、尾に向かって腹を5cm切る。

3 切り口から、包丁の先のほうを使って、身を傷つけないようにして内臓をかき出す。

4 中骨の間にある血合いは、くさみの原因になる。刃先で数回切っておくと、あとで洗い落とすのが簡単。

5 残った内臓などを塩水でていねいに洗い落とす。血合い部分は、指先でなぞるようにしてきれいに洗っておくこと。

6 水けをきり、頭のほうから尾に向かってキッチンペーパーで水けをふく。水けが残りやすい腹の中も、念入りにふくこと。

7 頭のほうを右に、腹を手前にして、腹の切り口から尾のつけ根まで、深く包丁を入れる。刃先が中骨に当たるくらいがよい。

8 腹身を持ち上げ、中骨の上に刃先を当て、中骨に沿って刃を動かしながら、腹身と中骨に切り込みを入れる。

9 頭のほうを左、背を手前にして、尾のつけ根から背びれのすぐ上に包丁を入れ、頭のほうまで中骨に沿って深く切り込みを入れる。

10 頭のほうの中骨のつけ根から包丁を入れ、尾に向かって中骨の上をすべらせるようにして上身を切り離す。これが二枚おろし。

11 中骨を下にし、まず背側に深く切り込みを入れて身を離しやすくし（9参照）、頭のほうから腹側の中骨の上をすべらせるように包丁を入れ、尾まで切り離す。これが三枚おろし。

腹骨をすく

三枚におろした身は、腹側を左にして、包丁をねかせて腹骨を薄くすきとる。

小骨を抜く

身の中心を指でさわり、当たってくる小骨を、骨抜きで頭のほうに向かって抜く。

薄皮をはぐ

頭のほうから薄皮を少しはがし、身を押さえながら尾に向かって引っぱれば薄皮が簡単にはがれる。

香味野菜を使ってさわやかに

あじのごまじょうゆあえ

1人分
218
kcal

材料(2人分)
あじ(刺し身用)…2尾
貝割れ菜…½パック
きゅうり…1本
みょうが(薄切り)…3個分
A | しょうゆ…小さじ2
　 | 酒…小さじ2
　 | しょうが(みじん切り)…1かけ分
B | あさつき(小口切り)…3〜4本分
　 | 青じそ(せん切り)…3枚分
　 | すり白ごま…大さじ2

作り方
1 あじは三枚におろし、腹骨と小骨をとって薄皮をむく。薄いそぎ切りにし、冷蔵庫で15分冷やす。
2 貝割れ菜は根元を切って2cm長さに切る。きゅうりは皮をむいて一口大の乱切りにし、塩少々を振って5〜6分おき、水けをしぼる。みょうがは水にさらして水けをきる。
3 ボウルにAを合わせてあじをあえ、Bを加えてざっとあえる。器に2と盛り合わせ、好みでしょうゆを落とす。

いわし

まるごとを焼く、煮るのほか、すり身にしていろいろな料理に

栄養▶生活習慣病の予防や老化防止に有効といわれるエイコサペンタエン酸やドコサヘキサエン酸などが多く含まれる。

旬・選び方▶9〜12月が旬。背の青みに光沢があり、胴が丸くピンと張ったものがよい。目の周りやえらなどに血がにじんでいるもの、腹が切れているものは避ける。

保存▶鮮度が落ちやすいので、買ったらすぐ使うこと。

重さの目安▶1尾で100g

手開き

1 頭を左にして、尾のほうから頭に向かって包丁の刃でこすり、うろこをとる。胸びれの横に包丁を入れ、力を込めて一気に頭を切り落とす。

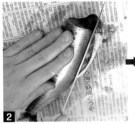

2 尾を手前に腹を右にして、頭を切り落としたほうから肛門にかけて、腹側を細長い三角形に切り落とし、包丁の先で内臓をかき出す。

3 生ぐさみの原因になる中骨の間の血合いは、刃先で切っておくと、水洗いで落ちやすい。

4 全体を洗う。腹の中に残った内臓や血合いをきれいに落とすように、腹の中を指でこすり洗いする。

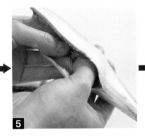

5 水けをふきとり、腹を手前、尾を右にして持ち、切り口から、中骨の上に両手の親指を深くさし込み、中骨に沿って指先をすべらせるようにして身と骨をはがす。

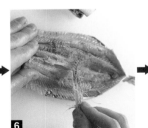

6 尾を右にして、頭のほうから中骨をはずす。片手で身を押さえ、骨を持ち上げるようにするとはずしやすい。

7 尾のつけ根で中骨を切り離す。かば焼きなどに使うときは、尾を残したほうが見ばえがよい。すり身にするときは尾をとり除く。

いわしのかば焼き

1人分 257 kcal

材料（2人分）

いわし…大2尾
ししとうがらし…6〜8本
小麦粉…少々
油…大さじ1

A
- しょうゆ…大さじ1½強
- 砂糖…大さじ1
- みりん…大さじ1
- 水…50㎖

七味とうがらし…少々

作り方

1 いわしは手開きにして腹骨をすき、半分に切って小麦粉を振る。ししとうは竹ぐしで穴をあける。

2 フライパンを中火で熱して油をなじませ、ししとうを焼き、とり出す。同じフライパンに、いわしを皮のほうから入れ、出てきた油をふきとりながら、両面に焼き色をつけてとり出す。

3 同じフライパンにAを入れて3〜4分煮詰め、いわしを戻してひと煮する。ししとうとともに器に盛り、七味とうがらしを振る。

point

フライ返しを使うと、身がくずれる心配がない。

生ぐさみが残らないよう、魚から出てくる油をふく。

火を通しすぎないように、調味料を煮詰めてから、いわしを戻し入れる。

腹骨をすきとる

頭のほうを手前にして、腹身についている骨を包丁で薄くすきとる。いわしの向きを変えて反対側の腹骨も同様にすきとる。

PART
1

Part
2 さば

PART
3

PART
4

PART
5

さば

健康によい成分をたっぷり含む。
寄生虫が心配なので加熱して。

栄養▶生活習慣病の予防効果で注目されるエイコサペンタエン酸や脳の働きに不可欠といわれるドコサヘキサエン酸などが豊富。

旬・選び方▶10〜12月が旬。全体に張りがあり、模様がしっかりしていて、胴から腹にかけて丸みがあるものを選ぶ。目が黒く透明感があり、腹がかたく締まっているものが新鮮。

保存▶鮮度が落ちやすいので、買ったらすぐ調理すること。

重さの目安▶1切れで80〜100g

二枚おろし

さばの頭、内臓をとり除き、中骨がついている身と、身だけの片身に分けるおろし方。食べやすく切って煮つけや塩焼きなどに向く。

1
さばは頭を左にして、胸びれのつけ根に斜めに包丁を入れ、中骨まで切る。返して同様に包丁を入れ、中骨を切断する。

2
腹を向こう側に向けて、胸びれのつけ根に包丁を入れて頭を切り離す。さばのような大きな魚は、無理をせず、ていねいに頭を落とすことが肝心。

3
尾を左、腹を手前にして、頭の切り口から腹に包丁を入れ、肛門あたりまで切り込みを入れる。

4
包丁の先で内臓をかき出す。中骨の間にある血合いも、包丁の先でひっかくようにかき出す。

5
流水でよく洗い、水けをきる。キッチンペーパーで表面の水けをふきとり、腹の中の水けも押さえるようにしてよくふきとる。

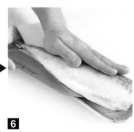

6
尾を左に、腹を手前にして、腹の切り口から尾に向かって深く切り込みを入れる。

One point lesson

飾り切りとは？

魚の飾り切りは、身の厚い部分に包丁の刃で一文字または十文字に入れる切り目のことで、見た目だけではなく、火の通りもよくする。

7 腹身を持ち上げて中骨の上に包丁の刃先を入れ、中骨に沿って身の中ほどまで切る。

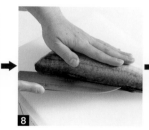

8 さばの向きを変えて背を手前にし、尾のつけ根から頭のほうに向かって、背びれのすぐ上に深く切り込みを入れる。

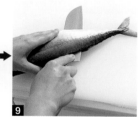

9 頭のほうから中骨のすぐ上に包丁を入れ、中骨に沿って、尾に向かって包丁を動かし、尾のつけ根で切り離す。

三枚おろし

二枚おろしで中骨のついていた片身を骨から切り離して身だけにする。ソテーなどに使う。

中骨を下にして、二枚おろしの手順⑥〜⑧を参照して腹側と背側に深く切り込みを入れる。尾を右にして、腹身を持ち上げて包丁の先で腹骨と中骨を切り離す。

頭のほうから中骨のすぐ上に包丁を入れ、中骨に沿って、尾に向かって包丁を動かし、尾のつけ根で切り離す。

筒切り

腹を切らずに頭と内臓をとり除き、身を筒状に切る方法。骨からもよいだしが出るので、みそ煮など、煮物にするときに向く。

1 頭を左に、腹を手前にして、えらのつけ根に包丁を入れ、中骨まで切る。返して同様にし、中骨を切り離して頭を切り落とす。

2 切り口から、包丁の先で内臓をかき出す。包丁はあまり深く入れずに、内臓を引っぱり出すようにしてとるのがコツ。

3 全体を流水でよく洗う。腹の中や血合いは、菜箸でかき出すようにして、残さず洗い流す。

4 頭のほうから尾に向かって、キッチンペーパーで軽く押さえるようにして表面の水けをよくふきとる。

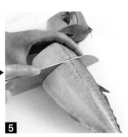

5 尾を右に、腹を手前にして、しっかり押さえて4〜5cm厚さに切る。胴を5〜6等分するのが目安。

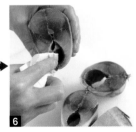

6 上腹の身を破らないように注意して、腹の中の水けをふきとる。このとき内臓が残っていれば、きれいにとり除く。

二枚おろしで骨のうまみも味わう

さばの韓国風煮

材料(2人分)

さば(二枚おろし)
　　…1切れ(片身分)
ねぎ…15cm
大豆もやし…100g
しょうが(せん切り)…1かけ分
ごま油…大さじ½

A
　しょうゆ、酒…各大さじ1
　みそ…大さじ1強
　砂糖…大さじ1½
　水…400mℓ
　豆板醤…小さじ½

作り方

1 さばは4等分にする。

2 ねぎは縦に半分に切り、7〜8
　mm厚さの斜め切りにする。大豆
　もやしはひげ根をとる。

3 鍋を強火で熱してごま油をなじ
　ませ、もやしとしょうがを炒め
　る。Aを加えて煮立て、さばを皮
　目を上にして重ならないように
　並べる。

4 煮立ったら火を弱め、さばに煮
　汁をかけ、落としぶたをして14〜
　15分煮る。煮汁が⅓量ぐらいに
　なったらねぎを加え、1〜2分煮
　る。

さんま

人気の塩焼きは内臓をとらずに 焼くので鮮度には注意を

栄養▶ほかの魚にくらべてビタミンDが多い。生活習慣病予防に効果があるといわれるエイコサペンタエン酸やドコサヘキサエン酸なども多く含む。

旬・選び方▶9〜12月が旬。背が青く光沢があり、腹がふっくらとして破れていないものを選ぶ。目が黒々としているものがよく、赤いものは鮮度が落ちる。

保存▶鮮度が落ちやすいので、すぐ使うこと。

重さの目安▶1尾で150g

洗う

塩水（水200mℓに塩小さじ1強が目安）で洗う。尾から頭に向かって指でこするようにし、うろこをとりながら洗う。

半分に切る

水けをよくふきとり、頭を左に、腹を手前にして、火の通りがよいように斜めに包丁を入れて、半分に切る。

塩を振る

バットに薄く塩を敷いてさんまをのせ、上からも塩を振る。さんまから水分がにじみ出て塩がとけるまで、しばらくおく。

焼く

魚焼きグリルを使うときは、あたためておき、盛りつけたとき表になるほうから焼く。皮に焼き目がついたら裏返して、こんがりと焼き上げる。

秋を告げる季節の味
さんまの塩焼き

材料（2人分）
さんま…2尾（300g）
塩…小さじ⅔〜1
おろし大根…60g
すだち…2個

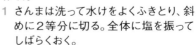
1人分
316
kcal

作り方
1 さんまは洗って水けをよくふきとり、斜めに2等分に切る。全体に塩を振ってしばらくおく。
2 フライパンを中火で熱して油をなじませ1入れて4〜5分焼き、裏返してふたをし、4〜5分焼く。器に盛って、おろし大根と半分に切ったすだちを添える。

切り身魚

PART 1

Part 2 切り身魚

PART 3

PART 4

PART 5

123

鮭、ぶり、金目だい、たい、たら、かじきなどをもっと活用して

栄養▶いずれも良質なたんぱく質に富み、動脈硬化の予防に有効なエイコサペンタエン酸、ドコサヘキサエン酸を含む。また、ビタミンA・B群・D・Eなどをバランスよく含む。中でも、鮭の身の赤色のもととなるアスタキサンチンは、抗酸化作用がとても高く、注目されている。

旬・選び方▶身に透明感があり、血合いの色があざやかで全体に張りのあるものがよい。パック入りのものは、パックに汁がたまっているもの、霜がついているものは避ける。

保存▶その日に使わない場合はキッチンペーパーを敷いた密閉容器に入れ、1切れにつき酒大さじ½をまぶして冷蔵庫に入れるとくさみが出ない。できるだけ翌日には使いきる。

くさみをとる

1切れにつき酒大さじ½をまぶしてしばらくおく。酒で洗ったような効果があり、生ぐさみがとれて、うまみもプラスされる。

うろこやぬめりをとる

皮を上にして、厚みのあるほうから薄いほうに向かって包丁の刃で表面のぬめりをしごきとる。包丁を少しねかせるとやりやすい。

飾り包丁

身の厚い部分に包丁の刃を当て、スーッと引くようにして浅く切り目を入れ、交差するようにもう1本入れる。火の通りがよくなり、味もしみ込みやすくなる。

白身魚やさわらでもOK
たいの柚香焼き

材料(2人分)
たい(ほかの白身魚でも)…2切れ
生しいたけ…4個
ゆず…½個
A | しょうゆ…大さじ1½
A | 酒…大さじ1½
A | みりん…大さじ½

1人分
117
kcal

作り方
1 しいたけは石づきをとり、表面に格子状に切り目を入れる。ゆずは7mm厚さの半月切りにする。
2 **A**を合わせ、ゆずを加えてまぜ、たいをつけ込む。ときどき裏返しながら15分ほどつける。しいたけも加えて味をなじませる。
3 魚焼きグリルを熱し、2のたいとしいたけを汁をきって並べ、それぞれ両面を焼く。

point

つけ合わせのしいたけにも下味をつけておく。

PART
1

Part
2
切り身魚

PART
3

PART
4

PART
5

たらや銀むつなど白身魚を使っても

鮭のムニエル

1人分
413
kcal

材料（2人分）
生鮭…2切れ
じゃがいも…2個（200g）
にんじん…⅛本（30g）
塩、こしょう…各少々
小麦粉…少々
A｜バター…大さじ1
　｜塩、こしょう…各少々
油…大さじ1
バター…大さじ2
B｜レモン汁…大さじ1½
　｜しょうゆ…小さじ1
イタリアンパセリ…少々

作り方
1 鮭は半分に切って塩、こしょうし、小麦粉を薄くつける。
2 じゃがいもは皮をむいて6つに切り、にんじんはいちょう切りにする。ともにやわらかくゆで、水けをとばしてフォークでつぶし、Aを加えてまぜる。
3 フライパンを中火で熱して油をなじませ、鮭を入れて、両面を焼く。中まで火が通ったら器に盛り、2とイタリアンパセリを添える。
4 フライパンの油をふきとり、バターを入れてとかし、Bを加えてソースを作り、鮭にかける。

point

小麦粉は軽くはたいて余分な粉を落とす。

焼き目がついてから裏返すと、きれいに仕上がる。

バターの風味で香ばしく仕上げる

かじきの洋風炒め

1人分
311
kcal

材料(2人分)
かじき…2切れ
生しいたけ…4個
しめじ…150g
にんにくのみじん切り…1かけ分
赤とうがらしの小口切り…小1本分
塩、こしょう…各適量
小麦粉…少々
オリーブ油…大さじ1½
バター…大さじ1
酒または白ワイン…大さじ2
しょうゆ…小さじ1
イタリアンパセリ…少々

作り方
1 かじきは一口大に切り、軽く塩、こしょうを振り、小麦粉をまぶす。
2 きのこはそれぞれ石づきをとり、食べやすく切る。
3 フライパンを強火で熱してオリーブ油大さじ1をなじませ、かじきを入れる。両面に焼き目をつけてとり出す。
4 フライパンの油をふき、バターとオリーブ油大さじ½を入れ、弱火でにんにく、赤とうがらしを炒める。2を加えて中火で数分炒め、酒を振り、3を戻し入れてしょうゆ、塩とこしょう各少々で調味し、最後にイタリアンパセリをちぎって加える。

point

うまみをのがさないよう、薄く小麦粉をつける。

生ぐさみが移らないよう、かじきは別に炒める。

白身魚やかじきを使っても
ぶりのつけ焼き

白身魚のほか、鮭やかじきでも合う
揚げたらのきのこあんかけ

材料(2人分)

1人分 304 kcal

ぶり…2切れ
さつまいも…½本
ねぎ…½本

A
| しょうゆ…大さじ2
| 酒…大さじ2
| みりん…大さじ1
| おろししょうが…小さじ1

作り方

1 バットにAを合わせてぶりを入れ、ときどき
　裏返しながら10〜15分つける。
2 さつまいもは一口大の乱切りにし、やわら
　かくゆでて、水けをきる。
3 ねぎは4cm長さに切り、斜めに切り目を入
　れて、1のつけ汁にさっとくぐらせる。
4 魚焼きグリルを熱して、1、2、3を強火で焼く。
　焼き色がついたら裏返し、火を通す。

材料(2人分)

1人分 181 kcal

生たら…2切れ
塩、小麦粉…各少々
しめじ…1パック
生しいたけ…2個
だし…200㎖

A
| 薄口しょうゆ…小さじ1
| みりん…小さじ1
| 塩…少々

かたくり粉…小さじ1½
しょうが汁…小さじ⅓
揚げ油…適量
万能ねぎの小口切り…2本分

作り方

1 たらは包丁で皮のぬめりをしごきとり、1切
　れを2〜3つに切り、身のほうに3〜4カ所
　切り目を入れ、軽く塩を振る。薄く小麦粉を
　つけ、170度の揚げ油でからりと揚げる。
2 きのこはそれぞれ石づきをとり、小さく切る。
3 鍋にだしときのこを入れて2〜3分煮、Aを
　加える。同量の水でといたかたくり粉を加え
　てとろみをつけ、しょうが汁を振る。
4 たらを器に盛って3のあんをかけ、万能ねぎ
　を散らす。

フライパンで作ると簡単！
金目の煮つけ

PART
1

Part
2
切り身魚

PART
3

PART
4

PART
5

1人分
215
kcal

材料(2人分)
金目だい…2切れ
ごぼう…¼本(40g)
小松菜…¼束(75g)
A｜水…300㎖
　｜酒…大さじ2
しょうがの薄切り…1かけ分
B｜しょうゆ…大さじ2弱
　｜砂糖…大さじ1～1½
　｜みりん…大さじ1

作り方
1 金目だいは飾り包丁を入れる。
2 ごぼうはささがきにし、水にさらして水けをきる。小松菜は色よくゆでて4～5㎝長さに切る。
3 フライパンにA、ごぼう、しょうがを入れて弱めの中火で5～6分煮、Bを加えて煮立たせる。
4 皮を上にして金目だいを入れ、煮汁をかけて落としぶたをし、13～14分煮る。煮汁が⅓量くらいになったら小松菜を加え、ひと煮立ちさせる。

point

煮汁は、飾り包丁のあたりに二、三度かける。

少ない煮汁が行き渡るよう、落としぶたをする。

127

刺し身

まぐろ

たい

いか

食べる直前に切ると、おいしさが違う！

栄養▶たい、まぐろなどは、良質のたんぱく質をはじめ、ドコサヘキサエン酸やエイコサペンタエン酸、ビタミン類をまんべんなく含み、栄養効果の高い食品。いかはビタミンDを含まないものの、ほかの栄養素はほぼ含んでおり、特にタウリンというアミノ酸の一種で、疲労回復や動脈硬化の予防、肝機能の調整に役立つ成分が多く、注目されている。

旬・選び方▶身に透明感があり、切り口がくずれていないものがよい。パック売りのものなら、汁けが出てたまっているものは避ける。まぐろなど冷凍品は、しっかりと凍っているものを選ぶ。

保存▶キッチンペーパーで包んでラップで包み、冷蔵室に。すぐ使いきること。

重さの目安▶するめいか1ぱいで300g、まぐろ1さくで200〜300g、たい1さくで200〜300g（刺し身にしやすいように適当な大きさに切った身を「さく」という）。

平造り

さくの右端から7〜8mmの手前側に包丁の刃元を当て（このとき刃先を少し上げる）、刃先を下げながら包丁を手前に引いて切る。

切った身は、そのまま包丁で少し離れた右側に運び、並べる。平造りは、まぐろなど長方形のさくに用いる切り方。

細造り

いかなどの身の薄いものは、身の向こう側に包丁の先を立てるようにして入れ、刃先を一気に手前に引いて切る。2〜3mm間隔で少し斜めに切るとよい。

薄造り

皮目を下にして、尾のほうを左になるようにおき、左端から薄くそぎ切りにし、少し離れた左側にずらして並べる。たいやひらめなど白身の魚に適した切り方。

角切り

 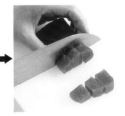

さくは縦におき、右端から縦に1〜1.5cm間隔に切る。包丁の先をさくの向こう側から入れ、手前に引きながら切るとよい。

切ったさくを横にして、右端から1cm間隔に切ってさいころ形にする。まぐろを山かけなどに使うときの切り方。

つまを利用して立体的に盛る
刺し身の盛り合わせ

材料(2人分)

まぐろ(刺し身用)…60〜70g
たい(刺し身用)…70g
するめいか(刺し身用)…½ぱい
大根…⅛本(100g)
青じそ…4枚
貝割れ菜…½パック
紅たで…少々
おろししょうが…少々
おろしわさび…少々

1人分
148
kcal

作り方

1 まぐろは平造り、たいは薄造り、いかは細造りにする。
2 大根はごく細いせん切りにして水に放し(p.64)、水けをきる。貝割れ菜は根元を切って2cm長さに切る。
3 器に大根をこんもりと盛り、青じそを立てかけるように敷き、刺し身を盛る。まぐろは少し斜めにおき、たいは数枚をふんわりとまとめて盛る。貝割れ菜、紅たでを彩りよく添え、手前にしょうがとわさびを添える。

point

切った状態のまま菜箸でいかをすくい上げて盛りつけると、まとまりがよく、見た目も美しい。

たい、すずきなど白身魚でどうぞ
カルパッチョ

材料(2人分)

刺し身用の白身魚…120g
塩…適量
ルッコラ…20g
ラディシュ…2個
A {
粒マスタード…小さじ½
しょうゆ…小さじ1
レモン汁…大さじ½
マヨネーズ…小さじ2〜3
オリーブ油…大さじ1
}
こしょう…少々
レモン…適量

1人分
282
kcal

作り方

1 白身魚(写真はたい)は薄造りにしてバットに広げ、薄く塩を振って10分ほど冷蔵庫で冷やす。
2 ルッコラは茎と葉に分け、茎は薄い小口切りにし、葉は食べやすい大きさに手でちぎる。ラディシュは薄い輪切りにして水に放し、水けをきる。
3 Aの材料はまぜ合わせる。
4 器に1と2を盛り合わせてこしょうを振り、3をかけ、レモンの薄切りと細く切った皮を散らす。

point

たいの身は、包丁全体を使って手前に引くようにそぎ切りにする。

いか

わたを使って塩辛も作れ、捨てるところがないのが特徴

栄養▶良質のたんぱく質、ビタミン・ミネラル類、ドコサヘキサエン酸、エイコサペンタエン酸などをバランスよく含んでいるが、ビタミンDだけは含まない。疲労回復、動脈硬化の予防、肝機能の回復などに役立つタウリンを豊富に含む。

旬・選び方▶するめいかの旬は夏から冬。全体に透明感があり、黒っぽい赤色で、目が高く盛り上がっているものが新鮮。

保存▶鮮度が特に落ちやすいので、当日使わないなら内臓をとり、ラップで包んで冷蔵室に。

重さの目安▶1ぱいで300g

内臓をとる

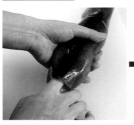

いかは胴に指をさし込んで、胴と内臓がくっついているところを指ではずす。

足を引っぱり、内臓を胴から引き抜く。内臓や墨袋が破れると、身が汚れるので、そっとていねいに扱うこと。

軟骨を抜く

胴の内側についている透明な軟骨を引き抜く。まだ内臓が残っているかどうか指を入れて確認し、あればとり出す。

皮をむく

えんぺらを外側に2つに折るようにして持ち、胴の先端の左右に指先を入れて、えんぺらを胴からはずし、ゆっくりと引っぱってはがす。

えんぺらをとったあとの、周りの薄皮の端をキッチンペーパーでこするようにしてはがし、指がかりをつける。

皮をしっかり持って、引っぱるようにして皮をむきとる。皮が残った場合は、ぬれぶきんでこすってとり除くとよい。

胴を開く

えんぺらをはずしたあとが右端にくるようにおき、胴に包丁をさし入れて、右端を切り開く。

全体を洗い、残っている内臓や白い繊維状の筋などをきれいにとり除く。キッチンペーパーで全体の水けをふく。

胴を切り分ける

この状態を上身という。内側を上にしておき、縦に切り分ける。好みの大きさに切って使う。

松笠切り

包丁をねかせて、胴の表面に、右側から斜めに浅く、2〜3mm間隔で切り目を全体に入れる。

いかの向きを変え、格子状に交差するように、浅く切り目を入れる。上下を返して使う大きさに切る。火を通すと、クルッと丸まり、松笠状になる。

えんぺらの皮をむく

えんぺらの中心に縦に切り目を浅く入れ、そこから皮をむく。キッチンペーパーを使うとすべらず、むきやすい。

足の処理

目と足の間のややくぼんだあたりを切り離す。新鮮なわたは塩辛やわたあえにするとおいしい。

足のつけ根に指をさし入れてから口を押し出し、包丁で切りとる。

足のつけ根を切り開いて1〜2本ずつに切り分け、1本ずつ包丁の刃でしごいて、吸盤や汚れをこそげとる。足の皮も、キッチンペーパーで端をつまんでむきとると、見た目がきれい。

やわらかく煮て楽しむ
いかとじゃがいもの辛み煮

材料(2人分)

いか…小1ぱい
じゃがいも…3個(300g)
にんにく…½かけ

A
豆板醤…小さじ½
しょうゆ…大さじ1½
砂糖…大さじ1強

**1人分
235
kcal**

作り方

1 いかは内臓をとり、胴は1cm幅の輪切りにする。足は内臓を切り離し、からす口をとって2本ずつに分け、5〜6cm長さに切る。

2 じゃがいもは4〜6つに切り、水にさらす。鍋に水400mlとにんにく、じゃがいもを入れ

3 て中火にかけ、煮立ったらいかを入れ、落としぶたをして弱めの中火で5〜6分煮る。Aを加え、煮汁が⅓量になるまで煮る。

point

にんにくの風味が出てからいかを加えると、生ぐさみが抑えられる。

ビールにもぴったりのスパイシーな味
いかと野菜のカレーマリネ

材料(2人分)

いか…1ぱい
玉ねぎ…1個
セロリ…½本
にんじん…⅓本(60g)
イタリアンパセリ…少々

A
水…600ml
カレー粉…大さじ1
塩…少々

B
油…大さじ3
酢…大さじ1½
しょうゆ…小さじ1½
塩、こしょう…各少々

**1人分
164
kcal**

作り方

1 いかは内臓と皮をとり、胴は5mm幅の輪切りにする。足は内臓を切り離し、からす口をとって、食べやすい長さに切る。

2 玉ねぎは薄切りに、セロリは筋をとってせん切りに、にんじんもせん切りにする。イタリアンパセリは葉を刻む。

3 鍋にAを煮立て、玉ねぎ、セロリ、にんじん、いかを入れて1〜2分煮、ざるに上げる(スープは捨てずに好みの野菜を入れて食べる)。

4 ボウルにBをまぜ合わせ、3を熱いうちに加えてあえる。冷めたらイタリアンパセリをまぜる。

たこ

弾力のある歯ごたえを生かして、酢の物や炒め物に

栄養▶良質のたんぱく質を含み、疲労回復や動脈硬化の予防で注目されるタウリンを豊富に含む。さらに、加熱で失われやすいが、ビタミンB12がとても多く含まれている。造血にはたいせつなビタミンであり、貧血の予防に役立つ。

旬・選び方▶夏と冬が旬。ゆでてあるものは、濃い小豆色で、皮がむけていないものを選ぶ。

保存▶一度加熱されてはいても、鮮度が落ちやすいので、キッチンペーパーで包んでからラップで包み、冷蔵庫で保存し、早く使いきる。

重さの目安▶足1本で150g

そぎ切り

包丁を斜めにねかせて上側から入れ、上下に動かしながら薄く斜めに切る。刺し身やあえ物などに向く切り方。

ぶつ切り

大きさをそろえながら一口大に切る。時間をかけてやわらかく煮るときなどに向く切り方。

しょうゆを加えた和風仕立て
たことなすのマリネ

1人分 152 kcal

材料（4人分）
ゆでだこの足…小1本（100g）
なす…大3個
トマト…1個
バジル…少々
オリーブ油…小さじ2
A ┌ 白ワインビネガー…大さじ1
　└ 砂糖、塩、こしょう…各少々
しょうゆ…小さじ1

作り方
1 たこは薄いそぎ切りにする。
2 なすはへたを切り落として縦4等分にし、横に2〜3cm長さに切る。
3 トマトは乱切りにする。バジルは葉をつむ。
4 フライパンにオリーブ油と2を入れて中火にかけ、3〜4分炒めてしんなりとさせる。火を止めてAを加え、ボウルに移す。冷めたら1と3を加えてあえ、しょうゆで味をととのえる。

えび

刺し身、揚げ物、炒め物、煮物、焼き物にと幅広く使える

大正えび

車えび

栄養▶良質のたんぱく質やビタミンをバランスよく含み、疲労回復や動脈硬化の予防に有効なタウリンも豊富。殻に含まれるキチン質は、免疫力の強化に有効とされているので、食べられるなら捨てずに食べたほうがよい。

旬・選び方▶一般的に天然物は6～9月、養殖物は12～2月が旬。頭つきのものは、しっかりとしていて、形がくずれていないものを選ぶ。冷凍物はしっかりと凍っているものを。

保存▶傷みやすいので、すぐ使う。保存したい場合は、頭と背わたをとり、塩を振って洗い、水けをふいて保存袋に入れて、冷蔵室へ。できるだけ早く使いきる。

重さの目安▶1尾で30g

頭をとる

片方の手で胴を持ち、頭のつけ根をつかんで引っぱる。

One point lesson

料理によってよく使われるえびの種類は違う

おなじみのすしだねは車えび。フライなどによく使われる大きなえびが大正えび。天ぷらのかき揚げに使われるのは芝えび。スーパーマーケットでよく売られているのがブラックタイガー、バナメイえび。価格は車えびが最も高く、養殖が盛んなブラックタイガー、バナメイえびはわりあい安価で手に入る。

背わたをとる

竹ぐしでとる
殻つきのえびは背を丸めて持ち、第2関節から竹ぐしをさし込んで背わたを引き抜く。天ぷらなどに。

背に切り込みを入れてとる
殻をむいたえびの腹を手前にして、背中に切り込みを入れ、包丁の先で背わたをかき出す。炒め物などに。

殻をむく

頭のほうからむいていく。見ばえよく仕上げるために、尾に近い1節を残すこともある。

ふわふわの卵とえびが絶妙！

えびと卵のオイスターソース炒め

1人分 429 kcal

材料(2人分)

えび(殻つき)…5〜6尾(200g)
とき卵…3個分

A
塩、こしょう…各少々
酒…小さじ2
かたくり粉…小さじ2

油…大さじ2½

B
オイスターソース…大さじ1
しょうゆ…大さじ½
酒…大さじ1

あさつき(3㎝長さに切ったもの)…5本

作り方

1 えびは尾を残して殻をむく。背に切り込みを入れて背わたをとり、**A**をまぶす。

2 フライパンを強火で熱して油大さじ1½をなじませ、とき卵を流し入れる。大きくかきまぜていり卵にし、皿にとり出す。

3 フライパンに残りの油を熱して**1**を炒め、**B**を加える。**2**を戻してまぜ合わせ、あさつきを加えて手早く炒める。

尾の先を切る

尾の先(剣先)を少し斜めに切り落とし、包丁でしごいて水分を出すと、揚げたときの油はねが防げる。

腹に切り目を入れる

加熱すると身が縮んで曲がるので、腹側の数カ所に、身の半分くらいまで切り目を入れると、まっすぐ仕上がる。

冷凍えびは塩水で洗う

解凍後、殻をむく前に塩水(水200㎖に塩小さじ1強が目安)で洗い、流水でよくすすぎ、生ぐさみをとる。

香ばしいにんにくソースがおいしい!

殻つきえびのグリル

新鮮なえびで本格的な味

えびシューマイ

材料(2人分)

えび…6〜8尾

じゃがいも…3個(300g)

A 塩、こしょう…各少々
酒…大さじ1

オリーブ油…大さじ3½

塩…少々

小麦粉…少々

B にんにくのみじん切り…大1かけ分
赤とうがらしのあらいみじん切り
…1本分

イタリアンパセリのみじん切り…少々

1人分 408 kcal

作り方

1 えびは塩水で洗い、足を除いて殻ごと背を切り開いて背わたをとり、Aを振って10分ほどおく。

2 じゃがいもは洗って皮つきのままラップで包み、電子レンジで5分ほど加熱し、4〜6つに切る。フライパンを中火で熱してオリーブ油大さじ1をなじませ、じゃがいもを焼く。焼き色がついたらとり出し、塩を振る。

3 同じフライパンにオリーブ油大さじ1を足し小麦粉をまぶしたえびを入れて焼く。火が通ったらとり出して器に盛り、2を添える。

4 オリーブ油1½とBを3のフライパンに入れ、弱火でゆっくりと熱し、香りが立ったら火を止めてイタリアンパセリをまぜ、えびにかける。

材料(2人分)

えび…2〜3尾(100g)

豚ひき肉…50g

玉ねぎのみじん切り…40g

シューマイの皮…10枚

かたくり粉…大さじ1

A 塩…少々
しょうゆ…大さじ1
砂糖…小さじ1½
ごま油…大さじ½
かたくり粉…大さじ1

レタス…2枚

1人分 466 kcal

作り方

1 えびは背わたと殻をとり、刻む。

2 玉ねぎはかたくり粉をまぶす。

3 ボウルにひき肉と1を入れ、Aを加えてよくまぜ、2を加える。シューマイの皮に適量ずつとって包み、形をととのえる。

4 油少々を薄く塗った蒸し器に入れ、強火で10分蒸し、レタスを入れてさらに1分ほど蒸す。好みで酢じょうゆを添える。

あさり

酒蒸しやあえ物、汁物に。
かたくなるので加熱しすぎに注意。

栄養▶良質のたんぱく質に富み、疲労回復や動脈硬化の予防に有効なタウリンを豊富に含む。また、鉄分、赤血球の生成をサポートするビタミンB_{12}を多く含むため、貧血予防にも有効。

旬・選び方▶冬から春が旬。口がしっかり閉じていて、さわるとさらにかたく殻を閉じるものがよい。

保存▶殻つきあさりは、薄い塩水につけて冷暗所におくと、1〜2日はもつ。パック入りは、開封しなければ賞味期限内はもつ。むき身はその日のうちに使いきる。

重さの目安▶殻つき1パックで300g

砂出し

塩水(水200mℓに塩小さじ1強が目安)をひたひたに注ぎ、涼しくて暗いところに2〜3時間以上おいて砂を吐かせる。

洗う

殻に汚れがついているので、使う直前に殻と殻をこすり合わせて流水でよく洗う。

白ワインで香りよく仕上げる
ワイン蒸し

1人分 102 kcal

材料(2人分)
あさり(殻つき)…400g
にんにく…½かけ
赤とうがらし…小1本
オリーブ油…大さじ1
白ワイン…50mℓ
塩、こしょう…各少々
パセリのみじん切り…少々

作り方
1 あさりは砂出ししてよく洗い、水けをきる。
2 にんにくはみじん切りにし、赤とうがらしは種をとって小口切りにする。
3 フライパンにオリーブ油とにんにくを入れて弱火で熱し、香りが立ったら一度火を止め、赤とうがらし、あさり、ワインを入れ、ふたをして中火で蒸し煮にする。あさりの口があいたら火を止め、塩、こしょうを振ってパセリを散らす。

point

熱した油にワインを加えるとはねるので、火を止めてから入れる。

あさりに火が通ると口があく。

しじみ

よいだしが出るので、汁物に向いている

栄養▶体内でつくり出すことができない必須アミノ酸をすべて豊富に含む。特に、オルニチン、アラニン、メチオニンなど、肝臓の働きやアルコールの分解を促す成分が多いため、「飲酒をしたらしじみ汁」と昔からいわれている。鉄分も多く、貧血防止に有効とされる。

旬・選び方▶冬が旬。口がしっかりと閉じているものがよい。

保存▶砂出ししたらすぐ使う。ただし、水きりをして保存袋に入れ、冷凍室に入れれば、1カ月くらいはもつ。

重さの目安▶殻つき1パックで200〜300g

砂出し

真水をひたひたに注ぎ、暗いところに2〜3時間以上おいて砂を吐かせる。

洗う

砂出しした水を捨て、殻と殻をこすり合わせるようにしながら、水がきれいになるまで流水で洗う。

健康のために飲みたい！
しじみのみそ汁

1人分
39
kcal

材料(2人分)
しじみ…150g
昆布…6cm
酒…大さじ1
みそ…大さじ1強
ねぎのみじん切り…5cm分

作り方
1 しじみは砂出しして洗い、水けをきる。
2 鍋に水400ml、昆布を入れ、10分ほどおいてからしじみを加えて中火にかける。煮立つ直前に昆布をとり出し、アクを除き、さらに1〜2分煮て酒を加える。
3 しじみの口があいたら、みそをとき入れ、火を止める直前にねぎを加える。

point

水に昆布を10分つけ、しじみを入れて中火にかける。

昆布は煮立つ直前にとり出す。

カキ

海のミルクといわれるくらい、栄養価が高い

栄養▶良質のたんぱく質に富み、疲労回復や動脈硬化防止に役立つタウリンも多い。さらに、亜鉛、鉄、銅など、ミネラル類の含有量が食品のトップレベル。細胞の代謝を促し、免疫力を高めるなどの働きが期待できる。ビタミンB群、ミネラルが豊富。亜鉛は特に多く、吸収率もよい。

旬・選び方▶12〜1月が旬。むき身全体が乳白色をしていて、ふっくらとつやのあるものがよい。生食用と加熱用が売られており、保健所の指定海域で育った生食用以外は生で食べないこと。

保存▶鮮度が落ちやすいので、なるべく早く使いきること。食中毒を起こしやすい食品なので、85度で1分以上の加熱をして、中心部までしっかり火を通すことが肝心。

重さの目安▶1個で20g

洗って水けをふく

塩水(水200mlに塩小さじ1が目安)に入れ、そっとすくい上げるようにして洗う。真水にして、さらに2〜3回洗う。

水けをきり、キッチンペーパーの上に重ならないように並べる。

キッチンペーパーではさんで、軽く押さえるようにして水けをとる。ただし、つぶさないように注意すること。

好みのソースを添えて

カキフライ

1人分 422 kcal

材料(2人分)
カキ(むき身)
　…10個(150〜200g)
かぶ…大1個(100g)
かぶの葉…2〜3本
レモン…½個
塩、こしょう、小麦粉…各適量
A | 小麦粉…大さじ2
　| 卵…小1個
　| 水…大さじ1
パン粉…適量
揚げ油…適量

作り方

1 かぶは皮をむいて薄い半月切りにし、葉は2cm長さに切って合わせ、軽く塩でもむ。10分ほどおいて水けをしぼる。レモンはくし形切りにする。

2 カキは洗って水けをよくふき、軽く塩、こしょうして小麦粉をまぶす。Aをまぜてカキをくぐらせ、パン粉をつけて形をととのえる。

3 揚げ油を170〜175度に熱し、カキを入れてきつね色になるまで揚げる。器に盛って1を添える。

PART 1

Part 2
魚加工品

PART 3

PART 4

PART 5

魚加工品

魚のすり身を使ったかまぼこや ちくわ、さつま揚げなどが代表的

栄養▶魚介が材料なので、魚の栄養と同じく、良質のたんぱく質、エイコサペンタエン酸、ドコサヘキサエン酸、タウリンなどに富む。さつま揚げなどは油分も含むのでエネルギーが高め。

旬・選び方▶原材料名や製造年月日、消費期限などを確認して、材料の魚の種類がはっきりしているものや、でんぷんをあまり使っていないものを選ぶとよい。

保存▶開封したらラップで包んで乾燥を防ぎ、冷蔵室に入れる。

油抜き

沸騰した湯にさつま揚げを入れて1分強ゆでる。これで、表面の余分な油がとれ、味の含みもよくなる。

One point lesson

さつま揚げの油抜きは必ず必要？

魚のすり身などを油で揚げて作ったものの場合、表面が油でおおわれているので、調味料となじませるには、ある程度油を除く必要がある。たとえば、油で揚げたコクをいかしたい炒め物のときは熱湯をかけるだけにし、しっかり味をなじませたいおでんなどのときは、数分ゆでて湯をきる、という使い分けをするとよい。

薄味の煮汁でコトコト煮込んで
さつま揚げと大根の薄味煮

1人分 133 kcal

材料(2人分)
さつま揚げ…小4枚(150〜200g)
大根…200g
だし…400㎖
A｜薄口しょうゆ…大さじ1
　｜みりん…大さじ½〜1
　｜塩…少々

作り方
1 さつま揚げはさっとゆでて油抜きし、2等分して湯をきる。
2 大根は2㎝厚さの半月切りにし、皮を厚めにむいて面取りをし、水から入れて10〜15分下ゆでする。
3 鍋にだしと大根を入れ、Aを加えて落としぶたをし、弱火で16〜17分煮る。1を入れ、4〜5分煮て味を含ませる。

PART **3**

肉

豚肉は形状別に、
鶏肉は部位によって、牛肉はステーキ用を主に、
下ごしらえのポイントをまとめました。
それぞれの肉の部位と、部位に合わせた調理法も
紹介するのでチェックしてみてください。

牛肉

各部位の味の違いが大きいので料理に合う部位を選ぶのが重要

栄養▶良質のたんぱく質のほか、ビタミンB群、亜鉛、鉄などに富む。部位によって含む脂肪の量が異なるため、熱量も違ってくるが、鶏肉よりは高め。

旬・選び方▶よく締まった感じのものが良品。なお、空気にふれると赤く発色するが、肉が重なった部分は発色せずにくすんでいることがある。食べるのに問題はない。

保存▶ラップで包んで冷蔵室に。早く使いきる。

▌サーロイン

焼く

 →  →

肉は室温にもどす。肉と脂肪の間の白い筋を、包丁の先で数カ所切る。焼き縮みを防ぎ、食感もよくなる。

焼く直前に肉の両面に塩とこしょうを振る。塩を振って時間をおくと肉がかたくなるので注意。

適量の油を熱し、風味づけにバター少々をとかし、肉を入れて中火で表面を焼き固め、裏返して火を弱め、好みのかげんに火を通す。

▌ヒレ

筋切り

たたく

焼く

蒸らす

肉の間にある白い筋に包丁の先で何本か切り込みを入れると、焼き縮みが防げ、食感もよくなる。

肉たたきで肉が均等の厚さになるように軽くたたく。たたきすぎると、肉がちぎれるので注意。

中火で表面を焼き、うまみを閉じ込める。焼き色がついたら裏返して、弱めの火かげんで火を通す。押して弾力があればレア。

好みの焼きかげんになったらとり出し、アルミホイルで包んで5分ほど蒸らすと肉汁が落ち着く。

牛肉の部位と料理法

肩ロース

肩はよく動く部位なので、ロースの中では筋っぽくてかたい。薄切りは炒め物に、角切りはカレーなど煮込み料理に。

もも

きめはややあらいが脂肪が少なく、赤身が多く、やわらかい。薄切りは炒め物、かたまりはローストビーフなどに。

バラ

赤身と脂肪が層になっていて、濃厚な味。ロースに接する部分はカルビといい、焼き肉に使われる。煮物や牛丼などに。

サーロイン

全体に適度に脂肪があるためやわらかく、風味がある。ステーキに最適な上等の部位。

ヒレ

ほとんど動かさない部分なので非常にやわらかく、脂肪が少なくてあっさりした味。ステーキ、バター焼きに。

ランプ

脂肪が少なく、ほとんど赤身肉でやわらかい。ステーキ、ローストビーフ、鉄板焼き、すき焼き、ソテーに。

すね

筋や腱が多く、脂肪はほとんどなく、かたいが味はいい。シチューやポトフなど、時間をかけて煮込む料理に向く。

切り落とし

肉を成形したり、薄切りにするときに出る半端な部分。もも、バラ、肩などが多い。味のよいわりに安価で利用しやすい。

リブロース

長いロース肉の中心部。風味がよく、きめこまかくてやわらかく、霜降りになりやすい。すき焼き、ステーキなどに。

ランプなど安価な部位でもおいしく食べられる

1人分
482
kcal

牛肉のソテー クレソン添え

材料(4人分)
牛肉(ステーキ用)…200g
トマト…1個
クレソン…1束
塩、こしょう…各少々
油…大さじ½
A {
油…大さじ2
酢…大さじ½
しょうゆ…小さじ2
粒マスタード…小さじ1
}

作り方
1 牛肉は筋切りし、両面に塩、こしょうを振る。
2 トマトはへたをとり、横に半分に切って種を除き、1㎝角に切る。クレソンは食べやすくちぎる。
3 フライパンを強火で熱して油をなじませ、牛肉の両面を好みのかげんに焼いてアルミホイルで包む。5〜6分おいて肉汁を落ち着かせ、薄切りにして器に盛る。
4 ボウルに**A**を入れてよくまぜ、2をあえて3にのせる。

豚 肉

部位による味の差はさほどなく、脂肪の割合でコクに違いが出る

栄養▶良質のたんぱく質とビタミンB₁が豊富。ビタミンB₁は疲労回復に役立つほか、糖質の代謝にもかかわるなど、重要な働きをしている。

旬・選び方▶赤身の部分が淡い赤色で光沢があり、脂肪が白っぽいものが良品。脂肪が黄色いものは避ける。

保存▶ラップできっちりと包んで冷蔵室に。数日で使いきること。冷凍保存もでき、数週間もつ。

▍薄切り肉

せん切り

炒め物で必要になる切り方で、もも肉が適している。薄切り肉を、重なったまま長さを半分に切る。

半分に切った肉の形をくずさないようにして、もう一方の肉の上に向きをそろえて重ねる。

端から細く切っていく。よく切れる包丁で押し切るようにするとよい。

▍厚切り肉

筋切り

赤身と脂肪の間の白い筋に包丁の先を直角に入れて、3～4カ所切る。反対側も切る。

肉たたき、すりこ木、あきびんなどで、全体が均一な厚さになるようにたたく。力を入れすぎない。

▍かたまり肉

縛る

焼き豚、ローストポーク用に、肉をたこ糸でしばって形をととのえてから調理すると仕上がりがよい。

豚肉の
部位と料理法

肩ロース	ロース	バラ

赤身と脂肪が適度にまざり、やや赤みのあるピンク色で、応用範囲の広い部分。くしカツやカレー、薄切りは炒め物に。	背中の部分の肉で色が薄く、やわらかくて味がよい。厚切りはソテーやとんカツ、薄切りはしょうが焼き、しゃぶしゃぶに。	胸と腹にあたる部分。赤身と脂肪が層になっていて、三枚肉ともいう。角煮、シチュー、酢豚、豚汁、炒め物に。

肩	もも	ヒレ
よく動かす部分なので、きめがあらく、かたくて筋が多い。ひき肉に向く。また、じっくり煮込む料理に適している。	肉色は濃いが、肉質はやわらかく、脂肪が少ない。かたまりは焼き豚やゆで豚、厚切りはとんカツ、薄切りは炒め物に。	最もきめこまかく、やわらかで、脂肪がほとんどない、あっさりした味。厚切りはとんカツやソテー、網焼きに。

この組み合わせで味も栄養もランクアップ！

豚肉のにんにく焼き

材料(4人分)

豚ロース厚切り肉…2枚
塩、こしょう…各少々
小麦粉…適量
キャベツ(せん切り)…3枚分
油…大さじ2
にんにく(薄切り)…2かけ分
青じそ(せん切り)…5枚分
A | **酒、水**…各大さじ2
| **しょうゆ**…大さじ1
| **みりん**…小さじ1

1人分 458 kcal

作り方

1 豚肉は筋切りし、塩とこしょうを振って下味をつけ、小麦粉を薄くまぶす。
2 キャベツは水に放してシャキッとさせ、水けをきる。
3 フライパンに油とにんにくを入れて弱火でゆっくりと加熱し、香りが立ったらにんにくをとり出す。1を加えて中火で両面を焼く。焼き色がついたらふたをして中まで火を通す。食べやすい大きさに切って盛り、キャベツと青じそを合わせたものを添える。
4 フライパンの油をふき、Aととり出したにんにくを入れ、2〜3分煮詰めて肉にかける。

ごぼうは、濃いめの味を含ませて風味をアップ

豚肩ロース肉とごぼうの炒めみそ煮

1人分
329
kcal

材料(2〜3人分)
豚肩ロースかたまり肉…150g
ごぼう…小1本(約150g)
油…大さじ½
酒…大さじ1
みそ…大さじ1
A | しょうゆ…大さじ½
　 | 砂糖…大さじ2
七味とうがらし…少々

作り方
1 豚肉は1cm厚さの一口大に切る。
2 ごぼうはたわしで皮をこすり洗いし、7〜8mm厚さの斜め切りにする。水に5〜6分つけてアク抜きし、ざるに上げて水けをきる。
3 鍋を中火で熱して油をなじませ、豚肉を炒める。肉の色が変わったら、ごぼうを加えて炒め合わせ、ごぼうに油が回ったら水300mℓを入れる。煮立ったらアクをとり、酒を加え、弱めの中火にして15〜16分煮る。
4 ごぼうがやわらかくなったら、みそを3の煮汁少々でといて加える。Aを加えてまぜ、煮汁が⅓以下になるまで煮る。器に盛って七味とうがらしを振る。

キャベツの水分をとばしてから
肉と合わせる

豚薄切り肉と
キャベツのみそ炒め

材料(2人分)

1人分 344 kcal

豚肩ロース薄切り肉…150g
キャベツ…3～4枚(約200g)
塩…少々
油…大さじ1
A｜酒…大さじ1
　｜水…大さじ1
B｜甜麺醤…大さじ2
　｜しょうゆ…大さじ1
　｜砂糖…大さじ1/2

作り方

1 豚肉は4cm幅に切る。鍋にたっぷりの湯を沸かし、塩を加えて、肉を1枚ずつ入れ、さっとゆでて湯をきる。
2 キャベツは軸を切りとり、葉は4～5cm角に切り、軸は斜め薄切りにする。
3 フライパンを中火で熱して油をなじませ、2を入れてさっと炒め、油が全体に回ったらAを振り入れてふたをし、1～2分蒸す。キャベツから水けが出てきたらふたをとり、強火にして大きくまぜながら水けをとばす。
4 水けがなくなったら1を加えてまぜ合わせ、Bをよくまぜて回し入れ、手早く炒め合わせる。

ゆず風味で上品な仕上がり

豚もも肉の
揚げづけ ゆず風味

材料(2人分)

1人分 373 kcal

豚もも肉(一口カツ用)…200g
塩、小麦粉…各少々
れんこん…小1/3節(50g)
生しいたけ…4個
ししとうがらし…4～6本
ゆず…小1/2個
A｜だし…50ml
　｜しょうゆ…大さじ1½
　｜みりん…小さじ½
揚げ油…適量

作り方

1 豚肉はたたいて薄くのばし、塩を振って、小麦粉をまぶす。
2 れんこんは皮をむいて薄い輪切りにし、水にさっとつけ、水けをふく。しいたけは軸を除き、大きければ2つに切る。ししとうは包丁の先でつついて穴をあける。
3 揚げ油を170度に熱し、2の野菜を揚げ、油をきる。つづいて1の肉をきつね色に揚げて油をきる。
4 熱いうちにゆずのしぼり汁をかけ、Aを加えて味をなじませる。

PART
1

PART
2

Part
3
鶏レバー・砂肝

PART
4

PART
5

鶏レバー・砂肝

ビタミンA・B群、鉄をとりたいときにぜひ

栄養▶鶏レバーは、ビタミンA・B群、鉄が食品の中でもトップクラスの含有量。しかも、体内で利用されやすい状態なので、不足が心配な人はぜひとりたい食材。ただし、ビタミンAは体内に蓄積されるので、とりすぎには注意が必要。砂肝は骨の形成に関係するビタミンK、つめや髪に関係の深い亜鉛も含む。

旬・選び方▶表面がなめらかでつやのあるものを選ぶ。新鮮なものほどくさみが少ない。

保存▶鮮度が落ちやすいので、冷蔵室に入れてすぐ使いきる。

▮鶏レバー

写真の状態で売られているものと、心臓(ハツ)がついた状態で売られているものがある。つやがあり、弾力に富むものがよい。

下ごしらえ

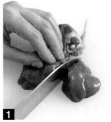

1 心臓がついている場合は、包丁の先でレバーと心臓を切り離し、レバーはくびれている部分で2つに切る。

2 レバーも心臓も、周りについている黄色い脂肪の部分を包丁できれいに切りとる。

3 心臓は縦に切り開き、中の血のかたまりを包丁の先でかき出すようにして除く。

4 ボウルにレバーと心臓を入れ、塩を少量振り入れて手で軽くもんでから、流水でよく洗い流す。

5 アクが強いので調味の前に下ゆでしておくとくさみも抜ける。湯にレバーと心臓を入れて、表面の色が変わってコロッとするまで1〜2分ゆで、湯をきる。

鶏レバーのしょうが煮

One point lesson

鶏レバーと豚・牛レバーの違い

鶏レバーの熱量がいちばん低く、豚レバーと並んでたんぱく質、鉄分、ビタミンB₁₂が多く、牛レバーと並んでビタミンAが多い。ただ、調理に関しては、鶏レバーがいちばん手間がかかり、牛・豚は切るだけで使える。

材料(2人分)
鶏レバー…250g
しょうが…大1かけ
酒…大さじ2
砂糖…大さじ1
しょうゆ…大さじ1〜1⅓

1人分 181 kcal

作り方
1 鶏レバーは脂肪をとり除き、半分に切る。心臓も半分に切って、血をとり除く。ボウルに入れて塩小さじ1を振り、手でもんでくさみをとり、水で洗い流す。
2 さっとゆで、ざるに上げて湯をきる。
3 しょうがは⅔量は薄切りに、⅓量はせん切りにして水にさらす(針しょうがp.107)。
4 鍋にレバーと心臓、薄切りのしょうが、水300mℓ、酒を入れて12分ほど煮る。砂糖としょうゆを加えて汁けがなくなるまで煮含める。器に盛り、針しょうがをのせる。

▌砂肝

鶏が飼料といっしょに飲み込んだ砂をためて消化の助けをするところ。皮や筋をとって、赤い筋肉の部分だけを使う。クセがなく、コリコリした食感が人気。

白い筋と皮をとる

盛り上がっているところで半分に切り、白い皮とかたい筋のような部分を切りとる。厚みのあるものは薄いそぎ切りにする。

鶏肉

鮮度が落ちやすいので
すぐに使うか、冷凍保存を

栄養▶良質のたんぱく質に富み、ビタミンAが豊富に含まれている。ほかの
ビタミンやミネラルも含む。牛・豚肉とくらべて脂質が少ないぶん、低熱量。

旬・選び方▶肉の色つやがよく、肉質が締まって、皮の毛穴がプツプツと盛
り上がっているものが新鮮。

保存▶傷みやすいので1〜2日で使いきるか、冷凍に（2〜3週間もつ）。

鶏肉の
部位と料理法

もも肉

よく動かす部分なので
色が濃く、ややかためで筋
があるが、ほどよい脂肪
とコクがある。焼き物、煮
物など応用範囲は広い。

もも肉

筋切り

よく動く部分なので、白っ
ぽい筋があり、食べにくい
ので包丁の先で数カ所切
っておくとよい。

脂肪を除く

皮の裏側に黄色く固まって
くっついている鶏肉の脂
肪には、くさみがあるので
切りとる。皮は栄養が高い
が、熱量も高い。好みで、
余分な部分はカットする
と、見ばえがよくなる。

骨つきもも肉

骨がついたままのもも
肉。骨の髄からうまみ
が出るので、焼き物や煮
込み料理、水炊きなど
の鍋料理に使われる。

胸肉

肉色が薄くて脂肪が少
なめ、淡泊な味でやわら
かい。加熱しすぎるとか
たくなるので要注意。ソ
テーや煮物、焼き物に。

ささ身

胸の内側に2本ついて
いる、笹の葉形の肉。胸
肉よりさらに脂肪が少
なく、やわらかい。サラダ、
あえ物、椀だねなどに。

手羽先

翼の先の部分。骨つき
で肉の量は少ないが、
ゼラチン質が多く、う
まみがある。焼き物、揚
げ物、スープなどに。

手羽元

手羽先の元の部分。ウイ
ングスティックとも呼ば
れ、フライドチキンなど
の揚げ物や煮込みに。

皮

脂肪が多く、濃厚な味。
内側の脂肪を除き、ゆ
でてからくし焼きや炒
め物に。

胸肉

そぎ切り

胸肉は厚みがあるので、熱が通りやすいようにそぎ切りにする。まず縦に3〜4つに切り、包丁の腹を肉にぴったりとのせるようにねかせ、上下に動かして厚みをそぐように、一口大に切る。

もも肉・胸肉

一口大に切る

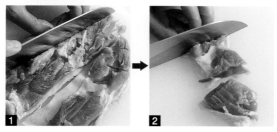

皮を下にして切ると切りやすい。まず縦に3〜4つに切り、向きを変えて端から食べやすい大きさに切る。

皮をむく

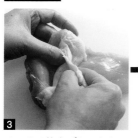

あっさり仕上げたいときは皮をむく。皮と身の間に指を入れて皮をつかみ、引っぱってむきとる。皮はフライパンで強火で加熱すると脂がとけ出て、カリカリに焼ける。塩、こしょうすればおつまみに。

肉の厚みを均等にする

熱の通りや味の含みを均一にするため、皮を下にして広げ、肉の厚い部分に包丁をねかせて入れ、そぐように切り込みを入れる。

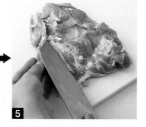

切り込みを入れた部分をそのまま開いて、厚みをととのえる。もう一方の厚みも同様にして開く。

骨つきもも肉

関節を切る

切り込みを入れる

皮に穴をあける

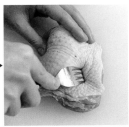

手でなぞって関節のくぼみ
をさがし、そこに包丁の刃
を入れると、意外に簡単に
切り離せる。

切り離した肉は、皮を下に
して、骨に沿って1本切り
込みを入れ、火の通りをよ
くする。

全体にフォークを刺して穴
をあけておくと、味がしみ
込みやすくなり、加熱によ
る縮みも少なくなる。

ささ身

筋をとる

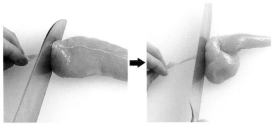

白い筋のある面を下にして、筋の先を指先でしっかり押さ
え、包丁のみね(背)を筋に当ててしごきとる。

手羽先

関節を切る

切り込みを入れる

皮目を下にして、指でなぞ
って関節を見つけ、くぼみ
に包丁を入れて先端を切
り落とす。

皮目を上にし、骨に沿って
包丁で切り込みを入れる。
火の通りがよくなる。

鶏肉のうまみで野菜がおいしくなる

いり鶏

1人分
431
kcal

point

油を熱して鶏肉を炒め、色が変わったらとり出す。

ごま油を加え、れんこん、ごぼう、にんじんを入れて炒める。

しいたけを加え、鶏肉を戻し、だしと調味料で煮含める。

材料(2人分)
鶏もも肉…200g
干ししいたけ…2個
れんこん…小1節(150g)
ごぼう…⅓本(60g)
にんじん…¼本(50g)
さやいんげん…4本
だし(p.12)…500〜600㎖
油…大さじ1
ごま油…大さじ½
酒…大さじ1
砂糖…大さじ1½
しょうゆ…大さじ2

作り方
1 鶏肉は一口大に切る。
2 しいたけは水でもどして石づきをとり、4等分に切る。
3 れんこんとごぼうは皮をむき、ともに乱切りにして酢水にさらす。にんじんも乱切りにし、いんげんはゆでて3㎝長さに切る。
4 鍋に油を熱し、鶏肉を炒めてとり出す。ごま油を足し、れんこんとごぼう、にんじんを加えて炒め、だしとしいたけを加え、鶏肉を戻して煮立てる。
5 アクをとって酒を加え、落としぶたをして中火で10分ほど煮、砂糖、しょうゆを加え、煮汁が⅓量になるまで煮る。最後にいんげんを加える。

グリルで焼いて余分な脂肪を落とす

鶏のスパイス焼き

材料(2人分)
鶏もも肉…大1枚(300g)
塩…小さじ⅔〜1
あらびき黒こしょう…少々
エリンギ…100g
クレソン…½束
レッドペッパー…少々

1人分 213 kcal

作り方
1 鶏肉は筋を切り、塩とこしょうを全体にすり込む。
2 エリンギは石づきを切り、手で裂く。
3 グリルに1を皮を上にして入れ、中火で焼く。皮がパリッとしたら裏返して中まで火を通す。アルミホイルで包んで5分おき、一口大に切る。
4 エリンギもグリルで焼いて塩少々で調味する。
5 器に3と4を盛り、クレソンを添え、レッドペッパーを振る。

下味がしっかりついていると
冷めても美味

から揚げ

材料(2人分)
鶏もも肉…1枚
なす…2個
さつまいも…80g

A ｜ 塩…小さじ⅓
　｜ しょうゆ…大さじ½
　｜ しょうが汁…小さじ½
　｜ 酒…大さじ1
　｜ こしょう…少々

B ｜ かたくり粉…大さじ1
　｜ 小麦粉…大さじ3

塩…少々
揚げ油…適量

1人分 544 kcal

作り方
1 鶏肉は大きめの一口大に切ってボウルに入れ、Aを加えてもみ、5〜6分おいて下味をつける。
2 さつまいもは皮を洗って斜め切りにし、水に10分さらして水けをふく。なすはがくをとり、縦に4等分に切り、長ければ斜め半分に切る。
3 鶏肉の汁けをきり、Bをまぶす。
4 揚げ油を170度に熱し、さつまいもとなすを揚げて油をきり、塩を薄く振る。つづいて鶏肉を入れて8分ほどからりと揚げる。

ひき肉

赤身と脂肪の割合で食感に差があるので、料理に合わせて選ぶ

栄養▶いずれもたんぱく質と脂質に富む。豚ひき肉はナイアシン、ビタミンB₁・B₆に富み、鶏ひき肉はナイアシン、ビタミンB₆が多い。牛肉はビタミンB₁₂や亜鉛が豊富。

保存▶ひき肉は空気にふれる面積が多いため腐敗しやすいので、早めに使いきること。すぐに使わないときは、ラップで包んで、さらにポリ袋に入れ、冷凍室に。2〜3週間はもつ。

▌鶏ひき肉

牛や豚と違い、ももやささ身、胸肉など、部位が明示されている場合もある。使う部位によって脂肪の量が異なるので、料理に合わせて選ぶ。そぼろや、だんごに丸めて焼き物や煮物、鍋物に。

▌豚ひき肉

くびや腕、すねの部分を使うことが多い。肉だんごやギョーザなど中華料理に向く。豚の脂肪は冷めてもやわらかく、弁当のおかずにも向く。

▌牛ひき肉

肩、ネック、すねなど、筋の多い部位がよく使われる。合いびき肉は豚ひき肉と合わせて牛の脂肪を加えてひいたもの。うまみはあるが、熱量は高い。ハンバーグやミートローフなどに向く。

小松菜も入って栄養満点
野菜入りハンバーグ

1人分 482 kcal

材料(4人分)
玉ねぎ(みじん切り)…¼個
小松菜(みじん切り)…1株(50g)
塩…適量
こしょう…少々
合いびき肉…200g
A ┌ パン粉…大さじ2
　│ 牛乳…大さじ1
　│ 卵…½個分
　└ 塩、こしょう…各少々
さやいんげん…6〜8本
にんじん…⅕本(40g)
油…大さじ1½
B ┌ ウスターソース…大さじ2
　│ トマトケチャップ…大さじ2
　│ 粒マスタード…小さじ1
　└ 水…50㎖

作り方
1 玉ねぎと小松菜は油大さじ½で炒め、軽く塩とこしょうを振り、冷ます。
2 ボウルにひき肉を入れ、冷ました1とAを加えてねり、4等分して楕円形にまとめる。
3 油大さじ1を熱し、2を入れて強火で両面を焼いて火を弱め、ふたをして中まで火を通してとり出す。
4 いんげんは半分に切り、にんじんは長めの拍子木切りにし、水200㎖とともに鍋に入れ、5分ほど煮て塩少々で調味する。
5 3のフライパンの油をふき、Bを入れて2〜3分煮詰める。3と4を器に盛り、Bをかける。

point

よくねったたねを4等分して、手のひらにたたきつけて空気を抜く。

野菜の水けをしっかりしぼる

焼きギョーザ

1人分
425
kcal

point

ひき肉にまずAを
加え、ねって味をな
じませる。

具をまぜるときは、
手を開いた状態で
かきまぜるとよい。

皮に具をのせ、右端
からひだを寄せてい
く。

材料（2人分）
キャベツ…大3枚（150g）
塩…少々
豚ひき肉…150g
にら…⅓束（30g）
生しいたけ…2個
おろしにんにく…½かけ分
ギョーザの皮…10〜12枚
A
ごま油…大さじ1
塩…小さじ¼
しょうゆ…小さじ2
酒…大さじ½
こしょう…少々
油…適量

作り方
1 キャベツはこまかく刻み、塩を振りまぜて5分
おき、しんなりとしたら水けをしぼる。
2 にら、しいたけはみじん切りにする。
3 ボウルにひき肉、A、1、2、にんにくの順に入れ
てよくまぜる。
4 ギョーザの皮に等分した3をのせてひだをとり
ながら包む。
5 フライパンに油大さじ1をなじませて4を並
べ、強火で2分焼き、湯をギョーザの高さの⅓
まで入れてふたをし、弱めの中火で水けがなく
なるまで焼く。仕上げに油少々を振ってパリッ
と焼き色をつけ、好みでしょうゆ、酢、ラー油
をつけて食べる。

PART 4

卵・とうふ・大豆製品

たんぱく質が手軽にとれる食材です。
そのまま使えますが、ちょっとしたコツを押さえるだけで
ワンランク上の味わいになります。
よく食卓に上りそうなレシピを中心にまとめました。
何度も作っているうちに、
手早くできるようになりますよ。

卵

コレステロールの心配は不要。
良質のたんぱく源として活用を

栄養▶良質のたんぱく質、特に体ではつくれないアミノ酸をバランスよく含み、バランス度を数値化したスコアが100点と満点。このほか、ビタミンCと食物繊維を除く、ほとんどの栄養を含むので、「完全栄養食品」とも評される。

旬・選び方▶外見からはわかりにくいので、日づけを確認する。割ったときに卵黄がふっくらと盛り上がり、卵白が広がらないものが新鮮。

保存▶とがったほうを下にして冷蔵室に立てて入れる。

重さの目安▶Lサイズで64〜70g

殻を割る

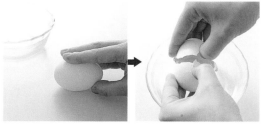

調理台に卵の中央あたりを軽く打ちつけてひびを入れ、両手の親指で割れ目を左右に開くようにする。

卵黄をとり出す

器の上で卵を割り、卵白のほうを器にあけ、もう一方の殻の卵黄のみを、あいた殻に移す。または、器に割り入れてから手ですくいとってもよい。

カラザをとる

口ざわりをよくするため、卵黄にくっついている、白いひも状のもの(カラザ)を菜箸でつまみとる。

かきまぜる

卵白を切るように、菜箸を左右に動かしてまぜる。菜箸をボウルの底につけると泡立ちにくい。

好みの
ゆでかげんを
マスター

ゆで卵

材料(2人分)
卵…2個
酢…大さじ1

作り方
1 鍋に卵を入れ、かぶるくらいの水を注ぎ、酢を加えて強火にかける(殻が割れたときに白身が固まりやすい)。
2 煮立ったら弱火にしてゆでる。半熟なら7〜8分、かたゆでなら10〜12分が目安。
3 流水に当てて冷ますと、殻をむきやすくなる。

1人分
76
kcal

中はとろりが理想的！
プレーンオムレツ

材料（2人分）

1人分 255 kcal

卵…4個
塩、こしょう…各少々
バター…大さじ2〜3
セロリ、ミニトマト…各適量

作り方

1 ボウルに卵を割り入れて、菜箸の先をボウルの底につけたままほぐし、塩、こしょうしてまぜる。
2 フライパンにバター大さじ1〜1½を入れて中火にかけ、とけたら卵の半量を流し入れ、菜箸で大きくまぜながら焼く。半熟状になったらフライパンの向こう側に寄せ、形を木の葉形にととのえる。
3 フライパンを皿にかぶせるようにして、オムレツを返して器に盛る。残りも同様に焼き上げる。ミニトマトと食べやすく切ったセロリを添える。

point

バターがとけて泡が立ったら、卵の半量を一度に流し入れる。

フライパンの柄を少し持ち上げて斜めにすると寄せやすい。

フライパンを皿に近づけて卵をひっくり返すと形がきれいに仕上がる。

しょうゆやソースを添えて
目玉焼き

1人分 196 kcal

材料（2人分）

卵…小4個
油…大さじ1
塩、こしょう…各少々
パセリ…適量

作り方

1 1人分ずつ焼く。フライパンに油大さじ½を中火で熱し、卵2個を割り入れ、軽く塩、こしょうする。
2 白身のすぐそばに水少々を振り入れてふたをし、弱めの中火で焼く。器に盛り、パセリを添える。

絶えずまぜて火を通すのがコツ

スクランブルドエッグ

1人分
268
kcal

point

バターがとけて泡が
立ったら、卵の半量を
一度に流し入れる。

材料(2人分)
卵…3個
トマト…小1個
牛乳…大さじ1
塩、こしょう…各少々
グリーンアスパラガス…5本
バター…大さじ2
りんご(くし形切り)…適量

作り方
1 トマトは8mm角に切る。卵はボウルに割りほぐして塩、こしょうし、牛乳を加えてまぜる。トマトも加えてざっとまぜる。
2 アスパラガスは根元を2cm切り落として長さを半分に切り、塩少々を加えた湯で色よくゆで、ざるに上げる。
3 フライパンを弱めの中火にかけてバターをとかし、1の卵液を流し入れ、木べらで絶えずかきまぜながら、半熟状になるまで火を通す。器に盛って、2とりんごを添える。

薄焼き卵の作り方

ちらしずしや冷やし中華などの具によく使われる薄焼き卵。せん切りにすれば錦糸卵になる。

材料(2人分)
卵…2個　塩…少々　油…適量

作り方

1
卵は割りほぐして塩をまぜる。卵焼き器を中火にかけて油少々をなじませ、とき卵の全量を流し入れる。

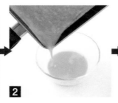

2
卵の縁が固まってきたら、火の通っていない卵液をボウルにあける。

3
菜箸1本で端からそっとはがし、向こうの端までさし込んで卵焼きを持ち上げ、菜箸の部分を手前に運ぶ。

4
そのまま返して菜箸を抜きとり、さっと火を通し、まないたにとり出す。

5
再び卵焼き器を中火にかけて油を薄くなじませ、ボウルにとり出したとき卵を流し、②〜④と同様にして焼き、まないたに広げてあら熱をとる。

とろりとした黄身がポイント
半熟卵とアボカドのサラダ

1人分 337 kcal

材料(2人分)
卵…2個
アボカド…1個
レモン汁…少々
クレソン…¼束
A マヨネーズ…大さじ2
  しょうゆ…小さじ1
  牛乳…大さじ2

作り方
1 卵は半熟にゆでる。冷やして殻をむき、食べやすく切る。
2 アボカドは縦にぐるりと包丁を入れ、ひねって2つに割る。種と皮を除いて2cm角に切り、レモン汁を振りかける。クレソンは葉先をつむ。
3 器に1、2を盛り、Aをまぜ合わせてかける。

お弁当の定番をアレンジ
うにの卵焼き

1人分 232 kcal

材料(2人分)
卵…4個
A だし(p.12)…大さじ2
  薄口しょうゆ…小さじ½
  みりん…小さじ1
  ねりうに(びん詰め)…小さじ1
油…適量
B おろし大根…80g
  あさつきの小口切り…1～2本分

作り方
1 卵はボウルに割り入れてほぐし、Aを加えてまぜ合わせる。
2 卵焼き器を熱して油を薄くぬり、1の¼量を流し入れる。半熟状になったら、向こう側から手前に向かって巻く。
3 卵焼き器のあいたところに油をぬり、卵を向こう側に寄せる。
4 手前にも油をぬって卵液を流し入れ、先に焼いた卵を芯にして巻く。同様にして繰り返し、焼き上げる。
5 2cm厚さに切って器に盛り、Bをまぜ合わせて添える。

point

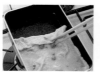
向こう側から折りたたむように巻く。

焼いた卵を持ち上げて、卵液を下に流し込む。

とうふ

高たんぱくで低熱量の健康食品。料理に合わせて水分を調節

栄養▶水分が8割だが、それを除くとたんぱく質が半量を占める。またリノール酸の豊富な脂質を含むほか、レシチン、コリン、サポニン、イソフラボンなど、体によい成分がたっぷり含まれている。ビタミンB群・Eも豊富。絹ごしどうふよりも木綿どうふのほうが栄養価は高い。

保存▶充填タイプでない限り、鮮度が落ちやすいので、冷蔵室に入れ、早く使いきる。開封したら水を毎日かえる。

重さの目安▶1丁で300g

水きり

重しをのせる
キッチンペーパーで包んで皿にのせ、重しとして皿をのせる。皿の端をまないたにかけて水がきれるようにし、30分ほどおく。

ゆでる
沸騰させた湯に、大きめの一口大にちぎり入れ、1〜2分ゆでる。湯に通すことで殺菌効果も上がる。

ざるに上げ、湯をきる。麻婆豆腐などの場合は、使う大きさに切ってからゆでるとよい。

かさの比較

手前のとうふは、重しをして30分おいたもの。1丁（300g）で50㎖程度の水分が抜け、厚みは4/5ほどに。

電子レンジでの水きり

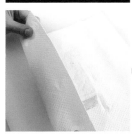

急いでいるときに便利。キッチンペーパーで包み、耐熱容器にのせる。薄めのキッチンペーパーなら2枚重ねに。

ラップをせずに電子レンジで加熱する。500Wのレンジで、1丁（約300g）1〜2分が目安。加熱しすぎるとすが立つので注意。

One point lesson

口当たりがなめらかか絹ごし、豆の風味が強い木綿

絹ごし→濃い豆乳を四角い型に入れ、にがりなどの凝固剤を加え、重しをせずに固めたとうふ。口当たりがなめらか。
木綿→豆乳に凝固剤を加えて型に流し入れ、重しをして余分な水分を抜いたとうふ。豆の風味が強く、水分が少なめ。

とうふを塩ゆでするのがコツ

麻婆豆腐

1人分 395 kcal

材料(2人分)
木綿どうふ…1丁(300g)
塩…少々
にら…½束(30g)
サラダ油…大さじ½
ごま油…大さじ½
豚ひき肉…150g
しょうが(みじん切り)…1かけ
にんにく(みじん切り)…1かけ
ねぎ(みじん切り)…10㎝

A
豆板醤…小さじ⅔
しょうゆ…大さじ2
砂糖…大さじ½強

B
スープ(p.14)…135㎖
かたくり粉…小さじ1½
水…大さじ1

作り方
1 とうふは1.5㎝の角切りにし、塩を加えた湯でゆでて湯をきる。
2 にらは2㎝長さに切る。
3 フライパンを中火で熱し、サラダ油とごま油をなじませ、ひき肉を炒める。
4 色が変わったらしょうが、にんにく、ねぎを入れていため合わせ、Aを加える。
5 煮立ったら1を加えて弱火で2～3分煮る。よくまぜたBを加えてまぜ、とろみがついたらにらを加え、ひと煮立ちさせる。

point

厚みを2等分してから、1.5㎝角に切る。

煮立ったらとうふを加え、あたためる程度に煮る。

水どきかたくり粉を回し入れてそっとまぜる。

とうふと野菜を合わせて栄養バランスも満点

いりどうふ

1人分 278 kcal

材料(2人分)
木綿どうふ…½丁(150g)
鶏胸肉…⅓枚(60g)
卵…2個
ごぼう…⅙本(30g)
にんじん…⅙本(30g)
絹さや…5枚(10g)
ごま油…大さじ½
サラダ油…大さじ½

A
だし(p.12)…50㎖
薄口しょうゆ…大さじ1½
砂糖…大さじ1½
塩…少々

作り方
1 とうふはp.162の要領でゆでて湯をきる。
2 鶏肉は皮をとり、一口大のそぎ切りにする。卵はときほぐす。
3 ごぼうは短めのささがきにし、水にさらして水けをきる。にんじんは短めの短冊切り、絹さやは筋をとって斜め1㎝幅に切る。
4 鍋にサラダ油とごま油を合わせて熱し、鶏肉と3を入れていため、肉の色が変わったらとうふを手でくずしながら加えてさらに炒める。Aを加え、汁けがなくなったら卵を流し入れてまぜ合わせ、ふっくらと火を通す。

漬け物のうまみを利用して
とうふと高菜の炒め物

材料(2人分)
木綿どうふ…大1丁(400g)
高菜漬け…100g
赤とうがらし…1本
ごま油…大さじ2
A｜酒…大さじ2
　｜薄口しょうゆ…大さじ1
　｜塩、こしょう…各少々

1人分
294
kcal

作り方
1 とうふは大きくくずしてざるに入れ、10分くらいおいて水きりする。
2 高菜はこまかく刻み、水につけて塩出しし、水けをしぼる。赤とうがらしは種をとって小口切りにする。
3 フライパンにごま油を熱し、とうふをよく炒め、高菜と赤とうがらしを加えてさらに炒め、**A**で調味する。

彩りのいい薄味のあんをからめて
揚げ出しどうふのたらこあんかけ

材料(2人分)
木綿どうふ…1丁(300g)
甘塩たらこ…½腹
小麦粉…適量
A｜だし…135㎖
　｜酒…大さじ1
　｜薄口しょうゆ…小さじ1½
水どきかたくり粉…小さじ1½
揚げ油…適量
三つ葉のざく切り…少々

1人分
270
kcal

作り方
1 とうふは縦半分に切ってから4等分に切り、キッチンペーパーにのせて5分ほどおき、水きりする。
2 たらこは薄皮に切り目を入れて、身を包丁の背でこそげる。
3 揚げ油を170度に熱し、1に小麦粉をつけて色よく揚げる。
4 小鍋に**A**を入れて熱し、2を加えて水どきかたくり粉でとろみをつけ、三つ葉を加える。
5 器に3を盛り、4をかける。

大豆製品

油抜きして、油のにおいをとり、味がしみやすいようにして使う

栄養▶とうふに含まれている植物性たんぱく質、カルシウム、ビタミンEなどに加え、揚げ油に使われた植物油のリノール酸などが含まれる。

保存▶全体がムラなく、きれいなきつね色をしているもの、油がべとついていないものがよい。

重さの目安▶油揚げ1枚で25g、厚揚げ1枚で200g、がんもどき1個(大)で80g

▌油揚げ

とうふの薄切りを水きりして揚げたもの。みそ汁の実やあえ物のほか、袋状にして具を詰めて使う。

油抜き

ざるに広げ、上から湯を回しかける。反対の面も同様に。さっとゆでてもよい。水にとって、やけどに注意してしぼると、油が浮いてくる。

袋にする

油抜きした油揚げは、ぬらした菜箸を押しつけながら転がすと、袋状に開きやすくなる。

長い辺を半分に切り、切り口から指を入れて、破らないように少しずつ開いて袋にする。いなりずし、袋煮などに使う。

ほっとするなつかしい味
油揚げと切り昆布の煮物

材料(2人分)
油揚げ…2枚
切り昆布(乾燥)…20g
A
しょうゆ…大さじ1⅓〜1½
砂糖…大さじ1½

1人分
154
kcal

作り方

1 切り昆布はさっと洗い、水600㎖に20分つけてもどす。ざるに上げて水をきり、長いものは食べやすく切る。つけておいた水はとっておく。

2 油揚げは油抜きして、長い辺を3等分し、それぞれを斜め半分に切る。

3 鍋に1の昆布ととっておいた水500㎖、2を入れ、落としぶたをして15分ほど煮る。Aを加え、弱めの中火で煮汁が⅓量になるまで煮る。

165

厚揚げ

「生揚げ」とも呼ばれる。木綿どうふを揚げたものが一般的。煮物だけでなく、焼いてもおいしい。

油抜き

湯を回しかける。さっとゆでてもよい。焼くときも、油抜きしておくと口当たりがよい。

がんもどき

すりつぶしたとうふに野菜などを加えて揚げたもの。煮物に。

油抜き

ざるに入れて揺らしながら、がんもどきの表面に熱湯を回しかける。

かつおの風味がきいています
厚揚げとたけのこのおかか煮

1人分
221
kcal

材料(2人分)
厚揚げ…1枚
ゆでたけのこ…150g
削りがつお…1パック
だし(p.12)…400㎖
砂糖…大さじ1½
しょうゆ…大さじ1⅔
みりん…大さじ½

作り方
1 厚揚げは油抜きして8等分に切る。たけのこは乱切りにする。
2 鍋に1とだしを入れて5分ほど煮る。砂糖、しょうゆ、みりんの順に加え、落としぶたをして弱火で15分ほど煮る。煮汁が⅓量以下になったら削りがつおを加えまぜる。

和のシンプルなおいしさ
がんもどきのさっと煮

1人分
365
kcal

材料(2人分)
がんもどき…4個
絹さや…20枚
だし…300㎖
砂糖…大さじ1½
しょうゆ…大さじ2
みりん…大さじ½

作り方
1 がんもどきは油抜きする。絹さやは筋をとる。
2 鍋にだしとがんもどきを入れて中火で5分ほど煮て、砂糖、しょうゆ、みりんの順に加える。
3 煮汁が半量くらいになったら絹さやを加え、さらに煮汁が⅓量以下になるまで煮詰める。

PART **5**

乾物・ごはん・
パスタ・めん

ひじき、わかめ、切り干し大根、干ししいたけなど
ミネラルが豊富な乾物はもっと活用したい食材。
ごはんの炊き方もマスターしましょう。
パスタ、中華めん、うどん、そば、そうめんは、
ゆで方が味の決め手です。

米

室温では劣化しやすいので
保存は冷蔵庫で、が基本

栄養▶たんぱく質、糖質、脂質を含み、わずかながらビタミンB₁やカルシウム、鉄なども含んでいる。

旬・選び方▶一年じゅう手に入るが、新米が出回るのは秋。精米したてがいちばんおいしいので、一度に購入する量は少なめにして、外袋に表示された精米年月日が新しいものを選ぶ。

保存▶ふたのできる保存容器に移し、冷蔵庫の野菜室か冷凍室に入れ、できるだけ早めに使いきる。

洗う

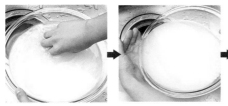  

米をはかってボウルに入れ、水をたっぷり注ぎ、ひとまぜして水をすぐ捨てる。乾燥している米がぬかのとけ出た水を吸ってしまうので、水を捨てるのは手早く。これを2回ほどくり返す。

米をひとまぜしては手のつけ根を軽く押しつけるようにし、これを4〜5回くり返す。360ml（2合）以下なら、広げた指でかきまぜるだけでもよい。

水を注いでひとまぜし、水を捨てる作業を数回くり返し、水が澄んできたらざるに上げて水けをきる。

One point lesson

お米のはかり方

計量カップの180mlの目盛りに合わせて米を入れる。炊飯器についている計量カップはすりきりにすると180mlになる。

無洗米をおいしく炊く

表面のぬかを除いた無洗米は、通常の米と同じ計量カップではかると量がふえるため、水を米の容量の5〜10%ふやす。

ごはんは冷凍保存がおすすめ

熱いうちに茶わん1杯分ずつラップで包み、冷めたら冷凍保存用袋に入れて冷凍する。

雑穀米

ひえ、粟、はとむぎなどに代表される穀類のこと。ミネラル、ビタミン類、食物繊維などを多く含む。数種類をミックスしたものや、米に加えて普通に炊けるものが便利。

炊飯器で炊く

水けをきった米を炊飯器に入れ、米の分量に合わせて目盛りまで水を注ぎ、夏なら20分、冬なら1時間ほどおいて吸水させ、スイッチを入れる（IH炊飯器の場合は吸水時間をとらなくてもよい）。

炊き上がったら10〜15分蒸らし（IH炊飯器の場合はスイッチが切れればOK）、水でぬらしたしゃもじで底から大きくまぜる。

茶わんに盛る

茶わんにはふんわりと盛る。しゃもじで押しつけると、米粒がつぶれてしまう。

鍋で炊く

洗って水けをきった米を計量カップではかり、ふたがきちんとできる厚手の鍋に入れ、米と同量の水を加え、夏なら20分、冬なら1時間ほどおいて吸水させる。

ふたをして中火にかけ、煮立って、ふたの縁からフツフツと泡が出てきたらごく弱火にし、12〜13分炊く。この間、ふたをあけないこと。

かすかにピシピシッと音がしてきたら火を止め、そのまま10分ほど蒸らしたあと、しゃもじで底から大きくまぜる。

かゆを炊く

厚手の鍋に洗った米を入れ、米の5倍量の水を加えて軽くまぜ、ふたをして強火にかける。

ふたのすき間から蒸気が出始めたらふたをいったんはずし、底から軽くひとまぜする。

再びふたを少しずらしてのせ、ごく弱火にして20〜30分炊く。火を止めて全体をまぜる。

普通のごはんよりかために炊く
基本のすしめし

材料
米…540mℓ(3合)
酒…大さじ1
A
　酢…⅓カップ
　砂糖…大さじ1½
　塩…小さじ1½

作り方
1 米は洗ってざるに上げ、水けをきって炊飯器に入れる。目盛りに合わせて水かげんし、ここから水66mℓをとり除く(炊飯器から除く水の割合は、米1合につき約22mℓが目安)。
2 酒を加えて、普通に炊く。酒を加えることで、ごはんのうまみが増す。

3 耐熱容器にAを合わせてラップをし、電子レンジで30秒ほど加熱する。よくまぜて砂糖をとかす。
4 ごはんが炊き上がったら10分ほど蒸らし、すしおけに移す。3をしゃもじに沿わせながら回しかける。
5 しゃもじでごはんを底から返しながら、切るようにしてまぜ合わせる。
6 全体に味がなじんだら、うちわであおぎながら上下を返して冷ます。すぐに使わないときはぬれぶきんをかけておく。

菜の花など
季節の野菜を飾っても
ちらしずし

1人分
636
kcal

材料(4人分)
干ししいたけ…6個
にんじん(短冊切り)…60g
れんこん…100g
油揚げ…2枚
えび…100g
だし(p.12)…300mℓ
A
　しょうゆ…大さじ2
　砂糖…大さじ2
　酢…65mℓ
　だし(p.12)…65mℓ
B
　砂糖…大さじ1 ⅓
　塩…小さじ¼
基本のすしめし…540mℓ(3合)分
絹さや(ゆでたもの)…20g
薄焼き卵(p.160)…卵2個分
いり白ごま…大さじ3

作り方
1 しいたけは水でもどす。軸を除いて半分に切り、端から薄切りにする。油揚げは油抜きし、縦に3等分して端から細切りにする。
2 鍋にだし、1、にんじんを入れ、中火で5分煮る。Aを加えて落としぶたをし、途中まぜながら汁けが1/4量になるまで煮る。
3 れんこんは花れんこんに切り(p.71参照)、大きければ半分に切ってゆでる。水けをきり、よくまぜたBの半

量につける。
4 えびは塩水で洗って背わたをとり、塩湯でゆでる。殻をむき、残りのBにつける。
5 すしめしに2を広げて均一にまぜ、ぬれぶきんをかけておく。
6 絹さやは斜め細切りにする。薄焼き卵は長さを半分に切って端から細く切る。
7 器に5を盛り、3、4、6を彩りよく飾ってごまを振る。

具材のうまみをたっぷり含んで絶妙なおいしさ
五目炊き込みごはん

1人分
468
kcal

point

具は大きさをそろえて
こまかく切ると、ごは
んになじんで食べや
すい。

普通の水かげんから、
液体の調味料の分量
だけ水を減らす。

具に調味料をよくから
めて下味をつけてお
くと、味がよくなじむ。

米、具、調味料をまぜ
てから炊くと、味が均
一に仕上がる。

材料(4人分)
米…540mℓ(3合)
鶏胸肉…100g
生しいたけ…4個
にんじん…40g
ごぼう…60g
油揚げ…½枚
A│しょうゆ…大さじ1½
　│酒…大さじ½
　│塩…小さじ½
細ねぎ(小口切り)…少々

作り方
1 米は洗ってざるに上げ、水けをきる。炊飯器
　に入れ、目盛りに合わせて水を注ぎ、あとで
　加える調味料の分、大さじ2の水を除く。
2 鶏肉は1cm角に切る。しいたけは石づきをと
　ってこまかく刻む。にんじんは7〜8mm角に
　切る。ごぼうは7〜8mm角に切り、水に5〜
　6分さらして水けをきる。
3 油揚げはキッチンペーパーではさんで余分
　な油をとり、7〜8mm角に切る。
4 ボウルにAを合わせ、2と3を加えてまぜ、4
　〜5分つけておく。
5 調味料ごと1に加え、木べらでひとまぜし、
　炊飯器で普通に炊く。炊き上がったら10分
　ほど蒸らし、しゃもじでさっくりとまぜて器
　に盛り、細ねぎを散らす。

パスタ

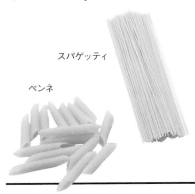

スパゲッティ

ペンネ

ゆで湯に加える塩のかげんで
味が決まる！

栄養▶たんぱく質、糖質、脂質をバランスよく含み、食物繊維、ビタミンB群、カルシウム、鉄なども含む。

旬・選び方▶色つやが均一で、よく乾燥しているもの、曲がったりしていないものが良品。

保存▶湿けの少ない、涼しいところに。細長い密閉容器に入れるか、ポリ袋に入れて口を閉じる。

※デュラム小麦粉をねって作っためんなどの総称。ここでは乾めんのみを紹介。

基本のゆで方

沸騰させた湯に塩を入れてよくとかす。塩の割合は水2ℓに対して大さじ1強が基本の分量。

スパゲッティをまとめて持ち、中央に立てて入れ、手を放して放射状に広げ、湯の中に沈めて一度まぜてからゆでる。

ふきこぼれない程度に煮立つ火かげんを保ちながらゆでる。ゆで湯はソースに加えるので100mℓくらいはとり分けておくとよい。

One point lesson

パスタのいろいろ

棒状で直径1.5〜2mmがスパゲッティ、1.5mm以下はバーミセリ。太いものでは幅6mmのきしめん状パスタのフェトチーネ。管状のものはマカロニの仲間で、ペン先のようにとがっているものがペンネ、貝形はシェル、またはコンキリエ。乾燥品のほかに生パスタもあり、ほうれんそうやトマト入りのものもある。

1本とってつめで切ってみて、中心の白い芯が針のように細くなってほとんど消えかけていたらゆで上がり。

パスタの中のざるごと持ち上げて湯をきる。パスタがないときはざるに上げて湯をきる。

卵は炒めずあえるだけ

きのこのカルボナーラ

point

卵を割りほぐし、こしょうと粉チーズをまぜる。

炒めてとろみをつけたものを、卵とまぜる。

ゆでたてのスパゲッティを加えてまぜる。

1人分
965
kcal

材料（2人分）
スパゲッティ…200g
エリンギ…70g
マッシュルーム…4～6個
ベーコン…2枚（30g）
卵…2個
粉チーズ…大さじ1～2
生クリーム…200㎖
A｜湯…100㎖
　｜鶏ガラスープのもと…少々
塩、こしょう…各適量
オリーブ油…大さじ½

作り方
1 スパゲッテイは、2ℓの湯に塩大さじ1強を入れてゆで始める。
2 エリンギは3㎝長さに切って手で裂き、マッシュルームは石づきを落として薄切りにする。
3 ベーコンは2㎝幅に切る。
4 大きめのボウルに卵を割りほぐし、粉チーズ、こしょうをまぜる。
5 フライパンを中火で熱してオリーブ油をなじませ、ベーコンときのこを炒め、Aを注いで5～6分煮る。生クリームを加え、⅓量になるまで煮詰めて、4に加えて手早くまぜる。
6 好みのかげんにゆで上がった1の湯をきって5に入れ、よくまぜる。

1人分
533
kcal

point

スパゲッティとともに
ブロッコリーをゆでる。

炒めたブロッコリーを
つぶしてソースにする。

ゆでたてのスパゲッテ
ィを加えてまぜる。

ブロッコリーをつぶしてソースに

ブロッコリーとアンチョビーのパスタ

材料(2人分)
スパゲッティ…200g
ブロッコリー…½個(150g)
アンチョビー…3切れ
にんにく…½かけ
赤とうがらし…1本
塩、こしょう…各適量
オリーブ油…大さじ2

作り方
1 ブロッコリーは小房に分ける。
2 アンチョビーはあらく刻み、にんにくは半分に
　切り、赤とうがらしは種をとって手でちぎる。
3 鍋にたっぷりの湯を沸かして塩(2ℓに塩大さ
　じ1強)を加え、スパゲッティをゆで始める。ブ
　ロッコリーもいっしょに加えてゆでる。
4 フライパンにオリーブ油、にんにく、赤とうがら
　しを入れてゆっくりと炒め、アンチョビーとブロ
　ッコリーの湯をきって加え、フォークでつぶし
　ながら炒める。スパゲッティのゆで汁100mℓを
　加えて5～6分煮、塩とこしょうで味をととのえ
　る。
5 火を止めて、袋の表示どおりにゆでたスパゲッ
　ティの湯をきってまぜる。

1人分
456
kcal

あさりのうまみたっぷり
あさりのトマトパスタ

材料(2人分)
ペンネ…150g
あさり(殻つき)…250g
にんにく…1かけ
赤とうがらし…1本
イタリアンパセリ…少々
トマト缶…½缶(200g)
オリーブ油…大さじ2
白ワイン…大さじ2
塩、こしょう…各適量

作り方
1 ペンネは塩を加えたたっぷりの湯(2ℓに塩大さじ1強)で、袋の表示どおりにゆで始める。
2 あさりは洗って水けをきる。
3 にんにくはみじん切り、赤とうがらしは種をとって刻み、イタリアンパセリもみじん切りにする。トマトはフォークでつぶす。
4 フライパンにオリーブ油、にんにく、赤とうがらしを入れて弱火にかけ、香りが立ったらあさりとワインを入れて火を強め、ふたをして蒸し煮にする。
5 貝の口があいたらとり出し、トマトを入れて7分煮る。塩とこしょうで調味して火を止め、あさりを戻し入れ、ゆでたての1、イタリアンパセリをあえる。

point

ペンネは塩入りのたっぷりの湯でゆでる。

あさりは白ワインで蒸し煮にする。酒でもよい。

うどん

添加物の少ないものを選び、たっぷりの湯でゆでる

栄養▶たんぱく質、糖質、脂質を含むが脂質が少なめなのが特徴。さほど多くはないがビタミン・ミネラル類も含む。

旬・選び方▶ゆでうどんは色が白くて弾力のあるものが良品。漂白剤を使用しているものは避ける。乾めんは、よく乾燥して、太さのそろったものを選ぶ。

保存▶生うどんとゆでうどんは保存袋に入れ、空気を抜いて冷蔵保存を。ゆでは冷凍保存もできるが、解凍するときは、凍ったまま電子レンジで加熱するほうがベタつかない。干しうどんは湿けにくい場所に保存し、開封後は早く使いきる。

干しうどん

ゆでる

鍋にたっぷりの湯を沸かして干しうどんを入れ、菜箸でさばきながらゆでる。

湯が沸き上がったら水100㎖(さし水)を加え、ふきこぼれない火かげんにしてゆで、水にとって洗い、水けをきる。

生うどん

干しうどんと同様にゆでてざるにあけ、流水に当てて手でもみ洗いし、ぬめりをとる。

ゆでうどん

うどんをざるに入れ、沸かした湯につけて、菜箸でさばきながらあたため、湯をきる。

具もつゆで煮含めるのがコツ

京風うどん

1人分
102
kcal

PART
1

PART
2

PART
3

PART
4

Part
5
うどん

材料（2人分）
ゆでうどん…2玉
わかめ（もどしたもの）…40g
ゆでたけのこ…小½個（40g）
かまぼこ…4切れ
しめじ…½パック
だし（p.12）…800㎖
薄口しょうゆ…大さじ2
みりん…大さじ2
塩…少々

作り方
1 わかめは茎をとり、一口大に切る。たけのこは薄切り、しめじは石づきをとって小房に分ける。
2 鍋にだしとたけのこ、しめじを入れてひと煮し、薄口しょうゆ、みりん、塩を加えて4〜5分煮、わかめを加えてさっとあたためる。
3 うどんは湯の中であたためて器に入れ、2の具を盛り、つゆを注ぎ、かまぼこを飾る。

そば

ゆでかげんで味が決まるので、たっぷりの湯でまぜながらゆでる

栄養▶たんぱく質を多く含み、ビタミンB群、動脈硬化の予防に役立つルチンを豊富に含む。

旬・選び方▶原料の表示を見て、そば粉が8、つなぎの小麦粉が2の割合でまぜた「二八そば」がおすすめ。そば粉10割は食感がよくないことも。

保存▶乾めんは湿けの少ない場所で保存を。生そばとゆでそばはラップかポリ袋に密閉して、冷蔵室へ。ゆでそばは冷凍可能。解凍は、凍ったまま沸騰した湯に入れ、再沸騰したら袋の表示時間ゆでる。

干しそば

ゆでる

鍋にたっぷりの湯を沸かし、干しそばをパラパラとほぐしながら入れて、菜箸でさばく。

沸騰してふき上がってきたら水を100mlほど（さし水）加える。ゆで上がったら水にとって洗い、水けをきる。

生そば

ゆでる

鍋にたっぷりの湯を沸かし、生そばをほぐしながら入れ、菜箸でさばきながらゆで上げ、水で洗う。

ゆでそば

そばをざるに入れ、沸かした湯につけて菜箸でさばきながらあたため、湯をきる。

夏場のお昼や、お酒のあとにおすすめ

冷やし薬味そば

1人分
102
kcal

材料(2人分)
干しそば…200g
だし(p.12)…200mℓ
A しょうゆ、みりん…各50mℓ
　 砂糖…大さじ½
油揚げ…1枚
青じそ…5枚
貝割れ菜…½パック
ねぎ…5cm
おろし大根…60g

作り方
1 Aのみりんはなべに入れて煮立て、ほかの材料を加えてひと煮立ちさせ、よく冷やす。
2 油揚げは焼き網で表面を焼き、長い辺を半分にして細切りにする。
3 青じそ3枚はせん切りにし、貝割れ菜は根元を落として長さを半分に切り、ねぎは小口切りにして水にさらす。
4 そばを好みのかげんにゆで、すぐ水にとり、手早く洗って水けをきる。
5 器にそばを盛り、青じそを敷いておろし大根をのせ、2と3の具をのせ、1のつゆを注ぐ。

PART
1

PART
2

PART
3

PART
4

Part
5
中華めん

中華めん

ゆでめんは歯ごたえを残す。
蒸しめんはよくほぐして加熱

栄養▶たんぱく質、糖質、脂質を含み、量は多くないが食物繊維、ビタミン、ミネラルを含む。

旬・選び方▶いろいろな作り方があるので、原料をよく確かめて選ぶ。

保存▶乾めんは常温で、生めんと蒸しめんは冷蔵室に。すぐに食べないときは冷凍保存も可能。

※小麦粉にかんすいを加え、ねって作る。

▌生めん

加熱していないめん。周囲に打ち粉がついているので、粉を払い落とし、ほぐしてゆでる。

ゆでる

1 鍋にたっぷりの湯を沸かし、めんを手でもむようにしてほぐしながら入れる。

2 めんがくっつかないように、菜箸でほぐしながらゆでる。

3 1本つまんでみて、ややかためくらいで火を止め、ざるにあける。

4 ざるを上下に振ってめんの湯を十分にきる。

▌蒸しめん

生の中華めんを蒸したもの。そのままか、さっと湯通しして使う。主に焼きそば用に。

炒める

油を熱したフライパンに、めんを入れて焼き、焼き色がついたら菜箸でよくほぐし、炒める。

野菜たっぷり!
あんかけ焼きそば

具だくさんのスープは
塩味のさっぱりタイプ
鶏汁めん

材料(2人分)

中華蒸しめん…2玉
豚薄切り肉…100g
キャベツ…2枚(100g)
にんじん…⅙本(30g)
ピーマン…2個
玉ねぎ…⅓個
A 塩、こしょう…各少々
  かたくり粉…大さじ½
油…大さじ1½
B 水…265㎖
  鶏ガラスープのもと…小さじ1
  しょうゆ…大さじ1
  塩、砂糖…各小さじ½
水どきかたくり粉…大さじ1

1人分
567
kcal

作り方
1 豚肉は3㎝幅に切り、Aをまぶす。
2 キャベツはざく切り、にんじんは短冊切り、
  ピーマンは一口大に切り、玉ねぎは薄切り
  にする。
3 フライパンに油大さじ½を熱し、めんを入れ
  て炒め、焼き色がついたら、器に盛る。
4 フライパンに油大さじ1を熱し、豚肉、玉ね
  ぎ、にんじん、キャベツ、ピーマンの順で炒
  め、Bの材料を加える。水どきかたくり粉で
  とろみをつけ、3にかける。

材料(2人分)

中華生めん…2玉
鶏胸肉…小1枚(150g)
  塩、こしょう…各少々
A 酒…大さじ½
  かたくり粉…大さじ½
チンゲンサイ…1株
ねぎ…10㎝
油…大さじ1
  鶏ガラスープのもと…小さじ1
  水…600㎖
B しょうゆ…小さじ1
  塩…小さじ1強
  こしょう…少々

1人分
506
kcal

作り方
1 鶏肉は皮をとり、細切りにしてAをまぶす。
2 チンゲンサイは、軸は4〜5㎝長さの細切
  りにし、葉はざく切りにする。ねぎは縦半分
  に切って斜め薄切りにする。
3 鍋を中火で熱して油をなじませ、鶏肉とチ
  ンゲンサイの軸を炒める。葉を加えて炒め
  合わせ、Bを加える。煮立ったらアクをとり、
  弱火で5分ほど煮、ねぎを加える。
4 たっぷりの湯でめんをゆで、湯をきって器に
  入れ、3の汁を注ぎ、具をのせる。

そうめん

2年以上熟成させたものなら
油くささが抜け、歯ごたえもよい。

栄養▶たんぱく質、糖質、脂質が主。

旬・選び方▶手のべのものと機械のべのものがあり、手のべのもののほうが質がよい。

保存▶通気のよい場所に保存。開封したらポリ袋や保存袋に移して密閉し、早く使いきる。

ゆでる

鍋にたっぷりの湯を沸かし、そうめんの束を持って、パラパラと、めん同士がくっつかないようにほぐし入れる。

手早く菜箸でかきまぜながらゆで、沸騰したら、ふきこぼれないように火を弱め、1〜2分ほど好みのかたさにゆでる。

ざるにあけて湯をきり、すぐに流水に当てながら冷やす。冷めたら手でもみ洗いして、ぬめりや表面の油を洗い流すと、味がよくなる。

アジア風仕上げのあったか汁そうめん

タイ風にゅうめん

1人分
368
kcal

材料(2人分)
そうめん…3束(150g)
えび…2〜3尾(100g)
生しいたけ…3個
レタス…2枚
しょうが…½かけ
赤とうがらし…1本
油…大さじ½

A
鶏ガラスープのもと…小さじ1
水…800mℓ
酒…大さじ1

B
ナンプラー…大さじ2
塩…小さじ½〜⅔
こしょう…少々

作り方
1 えびは塩水で洗い、尾1節を残して殻をむき、背を切り開いて背わたをとる。
2 しいたけは石づきをとって4等分に切り、レタスは手で一口大にちぎる。しょうがはせん切りにし、赤とうがらしは種をとる。
3 鍋を中火で熱して油をなじませ、しょうが、赤とうがらしを炒め、えびとしいたけを加えて炒める。
4 **A**を加えて煮立て、アクをとって弱火で5〜6分煮、**B**で調味する。
5 別の鍋でそうめんをゆで、洗って水けをきり、4に入れてあたため、レタスを加えて器に盛る。

ひじき

食物繊維たっぷりなので、もっと積極的に使いたい

栄養▶海藻の一種で、一度蒸してから干したもの。カルシウムと鉄、食物繊維に富む食品。また、含まれるタンニンには、中性脂肪を減らす働き、つきにくくする働きがある。

**毒性（無機ヒ素）を心配する声もあるが、下ゆでして使い、長期間連続して多量に食べることを避ければ、深刻になる必要はない。

選び方▶長ひじきと芽ひじきがある。色が黒くてつやがあり、太さのそろったものが良品。

保存▶湿けを含まないように乾燥剤を入れて、密閉できる容器に入れ、乾燥した場所におく。

もどす量の目安▶水でもどすと、芽ひじきで8〜11倍、長ひじきで6〜8倍になる。

水でもどす

水で洗ってごみを除き、水けをきる。たっぷりの水に30分ほどつける。

水けをきる

指先で軽く押すとつぶれるくらいがもどった目安。水から上げてざるに移し、水けをきる。含まれている毒性が気になる人は、さっと下ゆでして、ざるに上げ、湯をきるとよい。

食べやすく切る

芽ひじきは必要ないが、長ひじきは、食べやすい大きさに切る。

常備菜にぴったり！

ひじきと牛肉の煮物

1人分
311
kcal

材料（2人分）
ひじき
　…150g（もどしたもの）
牛薄切り肉…150g
ごぼう…⅓本（50g）
にんじん…⅕本（40g）
絹さや…10枚
だし…500㎖
油…大さじ1
酒…大さじ1
砂糖…大さじ2強
しょうゆ…大さじ2½

作り方
1　牛肉は3㎝幅に切る。
2　ごぼうは長めの乱切りにして水にさらし、にんじんはいちょう切り、絹さやは筋をとって斜め半分に切る。
3　鍋を中火で熱して油をなじませ、牛肉を炒める。色が変わったらごぼう、にんじん、ひじきの順に加えて炒める。
4　油が回ったらだしを注いで煮立て、アクをとる。落としぶたをして弱火で12分ほど煮て、酒、砂糖、しょうゆの順に加えて調味する。煮汁が⅓量になるまで煮て絹さやを加え、ひと煮して火を止め、味をしみ込ませる。

切り干し大根

煮物や炒め物、酢の物に使う。もどさずにみそ汁に入れても

栄養▶大根をせん切りにして乾燥させたもの。鉄、食物繊維、カルシウム、カリウム、鉄分、ビタミンB群に富む。日に当てることで、水分が抜け、大半の大根よりも甘みが増し、栄養豊富になっている。

旬・選び方▶乾燥品なので日もちはするが、日にちがたちすぎたものは、変色して味も香りも落ちる。色が白っぽいものが新しい。

保存▶日の当たらない場所に。

もどす量の目安▶水でもどすと約4倍になる。

水でもどす	水けをきる	さっとゆでる

さっと洗って水に20〜30分ほどつけてもどす。もどし汁は甘みがあり、捨てずに煮汁に利用したい。	ふっくらともどったら、ほぐすように水の中で洗い、水けをしぼってくる。炒め物はここまでが下ごしらえ。	サラダや酢の物に使うときにはさっとゆでる。ゆで時間でかたさのかげんをする。しっかり湯をきる。

薄味がおいしい!

切り干し大根とがんもの煮物

1人分
271
kcal

材料(2人分)
切り干し大根…30g
がんもどき…小2個
だし(p.12)…400㎖
油…大さじ½
砂糖…大さじ1½
薄口しょうゆ…大さじ2

作り方
1 切り干し大根は水につけてもどす。水けをしぼって食べやすい長さに切り、さらに水けをきる。
2 がんもどきは大きければ半分に切り、湯をかけて油抜きする。
3 鍋を中火で熱して油をなじませ、1を炒める。油が回ったらだしと2を加えて落としぶたをし、弱火で10分ほど煮る。砂糖、薄口しょうゆの順に加えて煮含め、火を止めて20分ほどおくと味がしみ込む。

干ししいたけ

肉厚のものと薄いものがあり、料理によって使い分ける

栄養▶レンチナンという免疫力を高める成分を含み、抗がん効果も期待されている。また、カルシウムの吸収を高めるビタミンDや、動脈硬化の予防に有効といわれるエリタデニンも含む。

選び方▶笠が開きすぎず、笠の内側が黒ずんでいないものがよい。

保存▶できれば乾燥剤といっしょに保存袋に密閉して冷暗所に保存。

重さの目安▶大1個で5g

水でもどす	**軸を切る**	**薄切り**	**軸を切る**

水で洗い、軸を下にしてひたひたの水につける。浮き上がらないように皿をのせて、1時間以上、できれば冷蔵庫で1日おくとうまみが出る。もどし汁は風味があるので利用する。※電子レンジでもどす方法もあるが、熱を加えるとうまみ成分が減っていくので、水が望ましい。	軸はもどしてもかたいことが多いので、つけ根から切り落とす。	笠の部分を端から細く切る。ちらしずしや太巻きずしの具や、あえ物に使う。	軸はそぎ切りにする。煮物や炒め煮に使う。

ちりめんじゃこ

濃厚なうまみがあり、あえ物や炒め物に

栄養▶かたくちいわしの稚魚を塩ゆでして干したもの。高たんぱくで低脂肪、ビタミンではDとナイアシン、ミネラルではカルシウム、カリウムなどに富む。

選び方▶身がふっくらとしているものがよく、黄色っぽくなったものは渋みが出ている。

保存▶冷蔵庫で1週間程度もつが、使わないならフリーザー用保存袋に入れ、空気をなるべく抜いて冷凍室で保存し、1カ月ほどで使いきる。

重さの目安▶大さじ1で5～6g

塩抜き	
	塩けが強いときは、ざるに入れ、湯を回しかける。キッチンペーパーなどで押さえて水けをとる。

One point lesson

しらす干しもちりめんじゃこの仲間

しらす干しはちりめんじゃこと同じくかたくちいわしの稚魚をゆでて干したもの。干す時間が短く、生干しに近いのが特徴。日もちがしないので、早めに食べきる。

さくらえび・干しえび

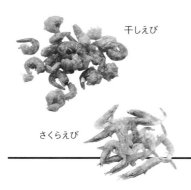

干しえび

さくらえび

さくらえびはそのまま使い、干しえびは水でもどす

栄養▶高たんぱくで低脂肪。ビタミンB12、カリウムのほか、ミネラル類に富み、なかでも銅が多い。

旬・選び方▶原料の表示を見て、添加物のないものを選びたい。

保存▶密閉容器に入れ、冷蔵室か冷凍室で保存する。

重さの目安▶大さじ1で7g

One point lesson

干しえびはだしがとれる、さくらえびはそのまま使う

干しえび：小えびの殻をむいて塩ゆでにし、乾燥させたもので、水でもどすと、いいだしがとれる。中華料理ではそのだしをよく使う。

さくらえび：小型のえび類を素干しにしたもの。やわらかいので、そのままかき揚げの具にしたり、お好み焼き、卵とじなどに使う。

┃干しえび

ぬるま湯でもどす

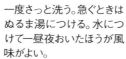

一度さっと洗う。急ぐときはぬるま湯につける。水につけて一昼夜おいたほうが風味がよい。

干しえびがやわらかくなったら、汁をきる。このもどし汁にはうまみが出ているのでスープなどに利用して。

1人分 162 kcal

栄養バランスがよい
さくらえびとにらの卵焼き

材料（2人分）
さくらえび…20g
にら…1束（100g）
とき卵…大2個分
塩…少々
ごま油…小さじ2
ラー油…少々
酢じょうゆ…適量

作り方
1 にらは3cm長さに切る。
2 さくらえびとにらを卵に加えてまぜ、塩で調味する。
3 フライパンを中火で熱してごま油をなじませ、2を流し入れて広げ、弱めの中火で両面を焼く。
4 一口大に切って、ラー油を加えた酢じょうゆで食べる。

塩蔵わかめ

水洗いして塩をよく落とし、さっと湯に通すと美しい色に

栄養▶アルギン酸と、ヨードに富む。アルギン酸は余分なコレステロールや糖分に吸着して排出を促す働きがあり、ヨードは体の代謝や自律神経の働きをスムーズにする。

旬・選び方▶春から初夏が採取期。早春にとれたものが良質。

保存▶ポリ袋に入れて冷蔵室に。

もどす量の目安▶塩を落として水につけると約1.5倍になる。

水でもどす

水で洗ってから水につけてもどす。やわらかくしすぎないように注意。

湯に通す

鍋に湯を沸かし、もどしたわかめを入れる。

色があざやかになったら、すぐに水にとって冷ます。

茎をとる

もどしたわかめの端のかたい部分が茎。口当たりが悪いので切りとる。

切りやすいように束ねて持ち、包丁でスーッと切り離す。

食べやすく切る

茎を切ったわかめは、束ねたまま端から一口大くらいの大きさに切る。

One point lesson

すき昆布

すいたように細く切った昆布。水でもどして、水けをきり、食べやすい大きさに切って煮物などに使う。

PART 1

PART 2

PART 3

PART 4

Part 5 乾燥わかめ

PART 1
PART 2
PART 3
PART 4
Part 5
こんにゃく

こんにゃく

塩でもんだり、ゆでて
水分を抜くとくさみがとれる

栄養▶食物繊維であるグルコマンナンとカルシウムに富む。グルコマンナンは、有害物質の排出を促すため、生活習慣病の予防、便通の改善に役立つ。

旬・選び方▶原料に生こんにゃくいもと書いてあるものがおすすめ。

保存▶袋入りのものは、開封せずに冷蔵保存したほうが長くもつ。残ったものはポリ袋に入れるか、水につけて冷蔵室に入れる。冷凍するとスカスカになってしまう。

※こんにゃくいもが原料で、黒こんにゃくは海藻粉末が入っている。しらたきも同じ原料。

水分をとる

水分が多く、特有のくさみがあるので、塩適量を振る。

手のひらで全面に塩をすりつけ、弾力がなくなるまで全体をもんで余分な水分を出し、さっとゆでてアクを抜く。

ちぎる

味がしみ込みやすいよう断面積を広くするため、手でちぎる。

切り目を入れる

味がしみ込みにくいので、斜め格子状にこまかく切り目を入れてから煮る。

手綱にする

長方形に切ったこんにゃくの中央に切り込みを入れ、片方の端をくぐらせる。煮物に。

甘辛のしっかり煮物

手綱こんにゃくの煮物

1人分
162
kcal

材料(2人分)
こんにゃく…1枚
干ししいたけ…4個
しょうゆ…大さじ1½
みりん…小さじ2
砂糖…大さじ1

作り方
1 こんにゃくは塩でもみ、端から厚さ
　1cm弱に切る。中央に切り込みを
　入れ、片端をくぐらせてねじる。
2 しいたけは水でもどし、軸を落とし
　て半分に切る。もどし汁はとってお
　く。
3 1を1〜2分ゆでて湯を捨て、2と2
　のもどし汁をひたひたに注いでひ
　と煮し、しょうゆ、みりん、砂糖を
　加えて煮含める。

PART
1

PART
2

PART
3

PART
4

Part
5
こんにゃく

缶詰

下ごしらえなしで使えて重宝。災害に備えて買いおきを

選び方▶賞味期限は長いが、食べごろは食材や調理法によって異なる。水煮や果物のシロップ漬けは6カ月、油づけは1年、味つけ缶は3カ月以内に食べること。缶がへこんでいたり、ふたがふくらんでいたりするものは避ける。周囲にさびの出ているものもよくない。

▌ツナ缶・鮭缶

缶汁をきる　**ほぐす**

缶のふたを少しあけてすき間をつくり、缶汁を出しきる。汁にもうまみがあるので、ドレッシングや炒め物に利用を。

ツナや鮭を別容器に移し、料理に合わせて、菜箸でほぐす。調理しやすく、味もつきやすい。

▌コーン缶(ホール)

ざるにあけ、全体に湯を回しかけて缶のくさみをとり、水けをよくきる。

▌トマト缶

フォークでつぶす

汁ごと容器に入れ、フォークでつぶすと、調理しやすくなる。

One point lesson

保存は別容器で

一度ふたをあけると腐敗しやすいので、なるべく使いきり、残ったら必ず別の容器に移して早めに使う。

缶詰記号の読み方

缶に刻まれている記号で大事なのは賞味期限。数字は西暦年、月、日にちを順に示している。缶の側面に記されているものもある。

豆板醤の辛みがピリッときいた
鮭缶と大豆もやしのスープ

材料(2人分)

1人分 204 kcal

鮭缶…1缶(180g)
大豆もやし…100g
わかめ(もどしたもの)…20g
ごま油…小さじ1½
豆板醤…小さじ¼〜⅓
スープ(p.14)…400mℓ
しょうゆ…大さじ½
塩…少々
いり白ごま…少々

作り方
1 鮭缶は缶汁と身を分け、身はあらくほぐし、缶汁はとっておく。
2 大豆もやしはひげ根をとり、わかめは一口大に切る。
3 鍋にごま油を熱してもやしを入れ、2〜3分かけてじっくり炒める。豆板醤、スープ、缶汁を加え、10分煮る。
4 しょうゆと塩で調味し、わかめと鮭の身を加えてさっと煮、器に盛り、ごまを振る。

レモン汁が隠し味
ツナとレタスのサラダ

材料(2人分)

1人分 295 kcal

ツナ缶…小1缶(80g)
レタス…3枚
コーン缶(ホール)…½カップ
ミニトマト…4個
　マヨネーズ…大さじ1½
　しょうゆ…小さじ1
A　油…大さじ1
　レモン汁または酢…大さじ½
　塩…少々

作り方
1 ツナは缶汁をきり、ほぐす。
2 コーンはざるに入れて湯をかけ、水けをきる。
3 レタスは手で食べやすくちぎり、水につけてパリッとさせ、水けをきる。ミニトマトはへたをとり、半分に切る。
4 ボウルにAの材料を合わせ、1〜3を入れてあえる。

料理指導
田口成子（たぐち せいこ）

料理家。料理学校の講師をへて独立。1 年間イタリアに滞在してマンマの味を
学んだり、お茶に興味を持ってアジアを旅したりなど、とても行動派。料理の
基本に精通し、特に野菜と魚の料理は得意分野。最近は野菜作りにも挑戦中。
また、食育にとり組み、小学校、中学校の子どもたちに魚のすばらしさを教え、
魚料理を普及させるための授業を行っている。著書に『最新版 はじめての料理』
『決定版 体においしい！ 野菜の絶品レシピ』（ともに主婦の友社）などがある。

STAFF

装丁・デザイン／三谷日登美
スタイリング／竹山玲子、石川美加子
編集協力／大下康子　大嶋悦子　伊藤朗子　井上かおる
撮影／主婦の友社
DTP 制作／伊大知桂子
編集担当／宮川知子（主婦の友社）

※この本は『世界一わかりやすい！料理の基本』（2016 年刊）を再構成して制作しました。

食材別 おいしさと栄養を引き出す料理のきほん

2020 年 10 月 31 日　第 1 刷発行

著者　田口成子（たぐちせいこ）
発行者　平野健一
発行所　株式会社主婦の友社
　　　　〒 141-0021　東京都品川区上大崎 3-1-1 目黒セントラルスクエア
　　　　電話 03-5280-7537（編集）　03-5280-7551（販売）
印刷所　大日本印刷株式会社

© Seiko Taguchi 2020 Printed in Japan ISBN978-4-07-445759-5

■本書の内容に関するお問い合わせ、また、印刷・製本など製造上の不良がございましたら、
主婦の友社（電話 03-5280-7537）にご連絡ください。
■主婦の友社が発行する書籍・ムックのご注文は、お近くの書店か主婦の友社コールセ
ンター（電話 0120-916-892）まで。
※お問い合わせ受付時間 月〜金（祝日を除く）9:30 〜 17:30
主婦の友社ホームページ https://shufunotomo.co.jp/
®〈日本複製権センター委託出版物〉
本書を無断で複写複製（電子化を含む）することは、著作権法上の例外を除き、禁じられ
ています。本書をコピーされる場合は、事前に公益社団法人日本複製権センター（JRRC）
の許諾を受けてください。また本書を代行業者等の第三者に依頼してスキャンやデジタル
化することは、たとえ個人や家庭内での利用であっても一切認められておりません。
JRRC〈https://jrrc.or.jp　e メール :jrrc_info@jrrc.or.jp 電話 :03-3401-2382〉